सुपर जीनियस कंप्यूटर लर्नर 2

मनुज बजाज
बी.ई.
इंजीनियरिंग कॉलेज, दिल्ली

अनिल अहलावत
बी.ई.
पुणे यूनिवर्सिटी

भूमिका

प्रो. बी.पी. खण्डेलवाल
पूर्व चेयरमैन, सी.बी.एस.ई.

प्रभात प्रकाशन

प्रस्तावना

कंप्यूटर ही जीवन है—यह वाक्य अतिशयोक्ति नहीं कहा जाएगा; क्योंकि कंप्यूटर ने आज हमारे जीवन में एक अभिन्न स्थान बना लिया है। बैंकों से लेकर अस्पताल तक और घर से लेकर रेलवे स्टेशन तक, सभी जगह कंप्यूटर हमारा जीवन आसान करने में लगा है। आज हम सुबह उठने से लेकर देर रात सोने तक किसी-न-किसी तरह कंप्यूटर से जुड़े रहते हैं। इसके उदाहरण हैं—ई-मेल, मोबाइल फोन, ए.टी.एम. इत्यादि। आज टी.वी., रेडियो, कार, मौसम की जानकारी, बैंक कार्य, शिक्षा, खरीददारी, सीमाओं की रक्षा, मनोरंजन, स्वास्थ्य, यात्रा आदि लगभग सभी कार्य कंप्यूटर की सहायता से हो रहे हैं। इसलिए यह आवश्यक हो जाता है कि हम सभी कंप्यूटर के बारे में जानें, उस पर बेहतर कार्य करने के तौर-तरीके सीखें।

रटे-रटाए तरीकों से हम परीक्षाएँ तो पास कर सकते हैं, लेकिन कंप्यूटर को बेहतर ढंग से नहीं समझ सकते। यह गणित की भाँति है, अत: कंप्यूटर के सूत्र सीखकर हम इस पर तरह-तरह के रचनात्मक कार्य कर सकते हैं। इसी बात को ध्यान में रखकर यह **'सुपर जीनियस कंप्यूटर लर्नर'** शृंखला भाग 1 से 8 तक तैयार की गई है। हमारा उद्‌देश्य है कि प्रत्येक विद्यार्थी स्वयं कार्य करे और कंप्यूटर पर बेहतर ढंग से सभी एप्लीकेशंस को चलाना सीखे। विद्यार्थी जितना ज्यादा समय प्रायोगिक कार्य करेंगे, एप्लीकेशन को बेहतर ढंग से चलाना सीख पाएँगे। अत: इस पुस्तक में प्रायोगिक ज्ञान पर ज्यादा जोर दिया गया है। विभिन्न प्रोग्राम तथा उनके स्क्रीन देने से पुस्तक का महत्त्व बहुत बढ़ गया है। इनमें तो सीधे-सीधे यह समझाया गया है कि कंप्यूटर से क्या-क्या कार्य किए जा सकते हैं तथा किस प्रकार से कार्यों को बेहतर और त्वरित गति से किया जा सकता है। गहन अनुसंधान के बाद हमने यह पाठ्यक्रम तैयार किया है और उसका परिणाम आपके हाथों में है। हमें आशा ही नहीं, वरन् पूर्ण विश्वास है कि इन पुस्तकों से आप जो सीखेंगे, वह जीवन भर आपके लिए उपयोगी सिद्ध होगा।

—लेखकद्वय

प्रकाशक • **प्रभात प्रकाशन प्रा. लि.**
4/19 आसफ अली रोड,
नई दिल्ली-110002

संस्करण • 2026
मूल्य • दो सौ पचास रुपए
मुद्रक • नरुला प्रिंटर्स, दिल्ली

SUPER GENIUS COMPUTER LEARNER-2
by Manuj Bajaj & Anil Ahlawat ₹ 250.00
Published by Prabhat Prakashan Pvt. Ltd, 4/19 Asaf Ali Road, New Delhi-2
e-mail: prabhatbooks@gmail.com ISBN 978-81-7315-924-4

भूमिका

आधुनिक युग के विकास में कंप्यूटर का अतुलनीय योगदान है। आज किसी भी क्षेत्र में कंप्यूटर की उपस्थिति अनिवार्य रूप में देखी जा सकती है। हमारे रोजमर्रा के लगभग सभी कार्य कंप्यूटर पर निर्भर हैं। बैंक का लेन-देन, रेल टिकट, ए.टी.एम. सेवा, मोटरकार व हवाई जहाज नियंत्रण, पुस्तक-प्रकाशन, दस्तावेज तैयार करना, फोटो, फिल्म व संगीत से जुड़े कार्य, कक्षा में पढ़ाई करना इत्यादि सभी कार्य कंप्यूटर की मदद से सरलता से, तेजी से और त्रुटिहीनता के साथ पूरे हो जाते हैं। यही कारण है कि आज के युग को 'कंप्यूटर का युग' कहा जाता है।

विज्ञान, तकनीकी, शोध, चिकित्सा, प्रौद्योगिकी, उड्डयन, संचार एवं शिक्षा के साथ-साथ कंप्यूटर ने कृषि के क्षेत्र में भी अहम भूमिका निभाई है। कंप्यूटर क्रांति ने विश्व को एकसूत्र में बाँध दिया है। इंटरनेट ने तो कंप्यूटर के प्रचार-प्रसार में और भी बड़ी भूमिका निभाई है। इंटरनेट के माध्यम से आज एक 'क्लिक' करके हम दुनिया के किसी भी कोने में पहुँच सकते हैं। इंटरनेट टेलीफोनी और इ-मेल ने संचार क्रांति को पंख लगा दिए हैं। इंटरनेट टेलीफोनी से हम लगभग नि:शुल्क दुनिया के किसी भी कोने में टेलीफोन की तरह बात कर सकते हैं। 'चैट' के जरिए 'लाइव' बातचीत की जा सकती है।

कंप्यूटर का विकास जिस द्रुत गति से हुआ है, उतना संभवत: दूसरा किसी का नहीं हुआ। आम बोलचाल की भाषा में कहें तो आज हर वस्तु का कंप्यूटरीकरण हो गया है। कंप्यूटर ने हर क्षेत्र को एक नया आयाम दे दिया है। कंप्यूटर के पास हमारे सभी प्रश्नों के उत्तर हैं।

कंप्यूटर-जगत् का विकास और विस्तार अंग्रेजी के माध्यम से आरंभ हुआ। अत: पठन-पाठन सामग्री भी अंग्रेजी में विकसित हुई। क्रमागत विकास के साथ-साथ विभिन्न देशों में विभिन्न भाषाओं में कंप्यूटर की शिक्षा दी जाने लगी है। इससे शिक्षार्थी कई भाषाओं में क्षमता विकसित कर रहे हैं।

हिंदी भाषा में इसे अपनाने के लिए आधारिक पाठ्यपुस्तकों का अभाव लग रहा था। अत: इस श्रृंखला द्वारा विद्यालयों में शुरू से ही हिंदी माध्यम से पढ़ने और अभ्यास द्वारा क्रमागत जानकारी देने का यह एक सराहनीय प्रयास हुआ है। इससे हिंदी-जगत् की एक बड़ी कमी की प्रतिपूर्ति हुई है। सरल भाषा में जानकारी उपलब्ध कराने से कंप्यूटर प्रयोग के ज्ञान और कौशल का विकास भविष्य में अनेकानेक लाभकारी व्यापक कार्यक्षेत्रों की उपलब्धि कराएगा। इसी पृष्ठभूमि में कंप्यूटर की कक्षा 1 से 8 तक के लिए अत्यंत सार्थक एवं उपयोगी श्रृंखला प्रकाशित हो रही है। यह प्रशंसनीय पहल है। इस श्रृंखला की पुस्तकों में भाग एक के कंप्यूटर की आरंभिक जानकारी दी गई है। इसके बाद के भागों में क्रमश: सॉफ्टवेयर, हार्डवेयर, सीडी, माइक्रोसॉफ्ट, पावर पॉइंट, फोटो शॉप, मूवी एडिटिंग सॉफ्टवेयर, ऑपरेटिंग सिस्टम, इंटरनेट, इ-मेल इत्यादि की जानकारी दी गई है, साथ ही इनके साथ कार्य करना इतनी सरलता से सिखाया गया है कि आप बिना किसी की सहायता के इन्हें स्वयं सीख सकते हैं। कोई विद्यार्थी इससे स्वयं भी सीख सकता है।

आशा ही नहीं, पूर्ण विश्वास है कि यह पुस्तक श्रृंखला कंप्यूटर अध्ययन और उसके 'मास्टर' बनने में अत्यंत उपयोगी सिद्ध होगी। साथ ही, इससे आम पाठक भी लाभान्वित हो सकेंगे।

—प्रो. बी.पी. खंडेलवाल

पूर्व चेयरमैन, सी.बी.एस.ई. एवं

शिक्षा निदेशक, उत्तर प्रदेश

विषय-सूची

1 कक्षा 1 का पाठ दोहराएँ

कंप्यूटर एक मशीन है, जो निर्देशों की सूची के अनुसार डेटा को संचालित करती है।

कंप्यूटर की विशेषताएँ—

- यह बिजली से चलता है।
- यह हमारा काम आसान करता है।
- यह बहुत तेज चलता है।
- यह कभी थकता नहीं है।
- यह कभी गलती नहीं करता है।
- यह किसी चीज को भूलता नहीं है।

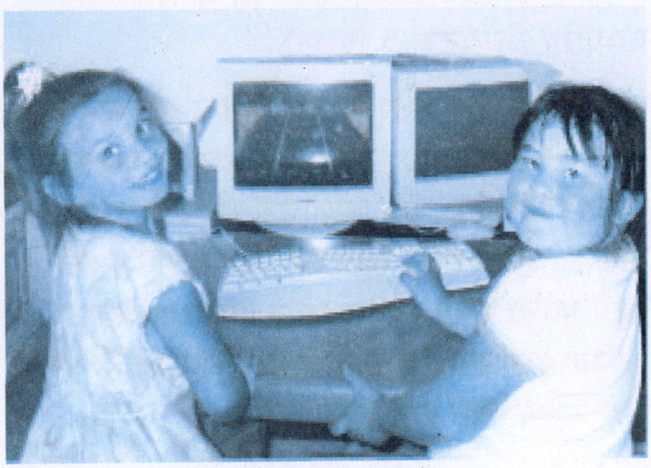

कंप्यूटर के प्रकार

विभिन्न प्रकार के कंप्यूटर इस तरह हैं—

डेस्कटॉप

वह कंप्यूटर जो डेस्क अर्थात् मेज पर रखा जाता है, डेस्कटॉप कंप्यूटर कहलाता है। इसे आम भाषा में पी.सी. या पर्सनल कंप्यूटर भी कहते हैं। ये पोर्टेबल नहीं होते अर्थात् इन्हें आसानी से एक स्थान से दूसरे स्थान पर नहीं ले जा सकते हैं।

पोर्टेबल लैपटॉप नोटबुक कंप्यूटर

पोर्टेबल कंप्यूटर ऐसे लोगों के लिए बने हैं, जो अकसर जगह-जगह घूमते रहते हैं और जिन्हें कंप्यूटर प्रयोग करने की आवश्यकता होती है। इन्हें पोर्टेबल कंप्यूटर, नोट बुक या लैपटॉप भी कहते हैं।

पोर्टेबल कंप्यूटर में एक ही यूनिट में मॉनीटर, कीबोर्ड, सी.पी.यू., ट्रैकबॉल और हार्ड डिस्क लगी होती है। पोर्टेबल कंप्यूटर बैटरी से चलते हैं।

पामटॉप कंप्यूटर

यह इंटीग्रेटेड कंप्यूटर है, जो छोटी मेमोरी और स्टोरेज का स्थान रखता है। पामटॉप कंप्यूटर में अकसर कीबोर्ड नहीं होता, परंतु इसको टच स्क्रीन से चलाया जाता है। इसका वजन बहुत कम होता है और इसकी बैटरी पर्याप्त समय तक चलती है। पामटॉप कंप्यूटर का एक अन्य रूप हैंड हेल्ड कंप्यूटर कहलाता है, जो कुछ अधिक भारी होता है।

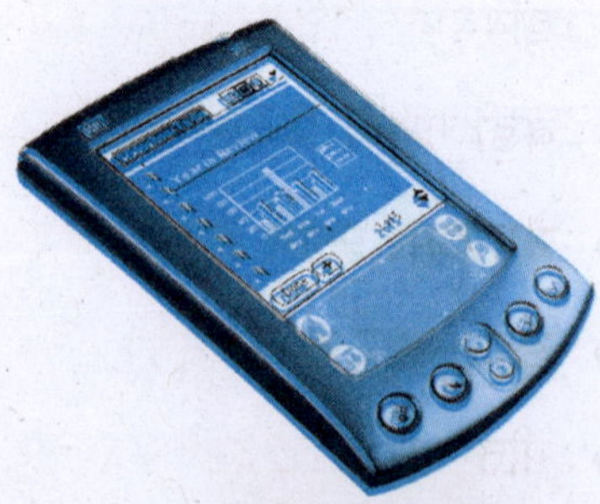

मेनफ्रेम कंप्यूटर/सर्वर

मेनफ्रेम कंप्यूटर बहुत बड़ा व शक्तिशाली होता है और विशेष कार्यों हेतु इस्तेमाल होता है।

सुपर कंप्यूटर

सुपर कंप्यूटर बहुत बड़े और सर्वाधिक शक्तिशाली होते हैं और इन्हें विशेष कार्य हेतु प्रयोग किया जाता है; जैसे—मौसम का पूर्वानुमान, नाभिकीय खोज, रक्षा कार्य आदि। इनमें सैकड़ों या हजारों प्रोसेसर लगे होते हैं।

वियरेबल कंप्यूटर

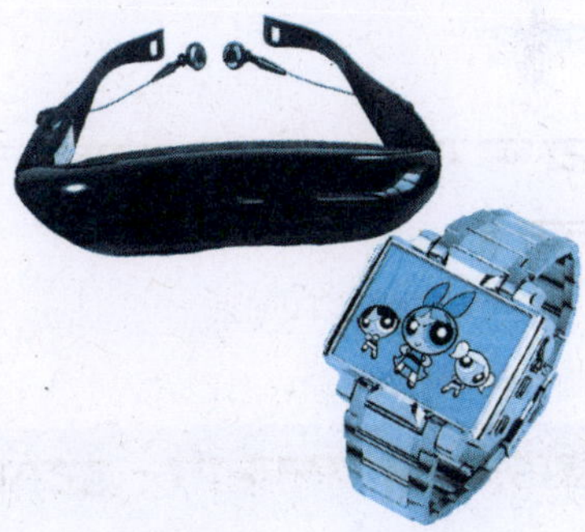

नवीनतम चलन में पहननेवाले (वियरेबल) कंप्यूटर हैं। कंप्यूटर के सामान्य कार्य, जैसे—ईमेल, एकाउंट, मल्टीमीडिया, नोट्स, कैलेंडर आदि इसमें समाहित हैं। ये कंप्यूटर घड़ी, सेलफोन, जूतों, चश्मों और कपड़ों के रूप में होते हैं।

आप क्या कर सकते हैं?

आप कंप्यूटर पर अनेक प्रकार के काम कर सकते हैं, जैसे—

- डॉक्यूमेंट बनाकर स्टोर कर सकते हैं।
- बड़ी गणना कर सकते हैं।
- गेम खेल सकते हैं।
- ड्रॉइंग बना सकते हैं।
- गीत-संगीत या फिल्म चला सकते हैं।

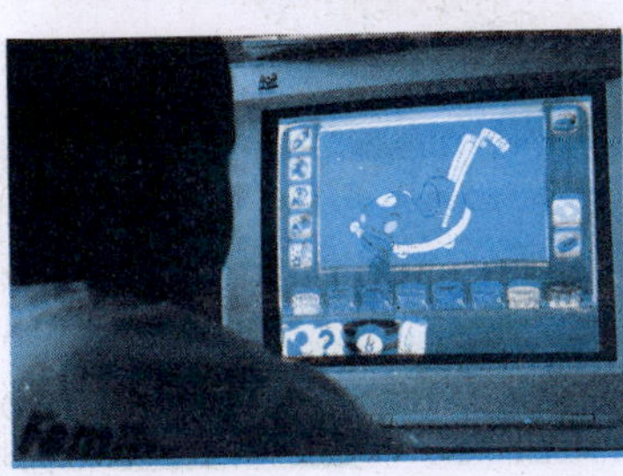

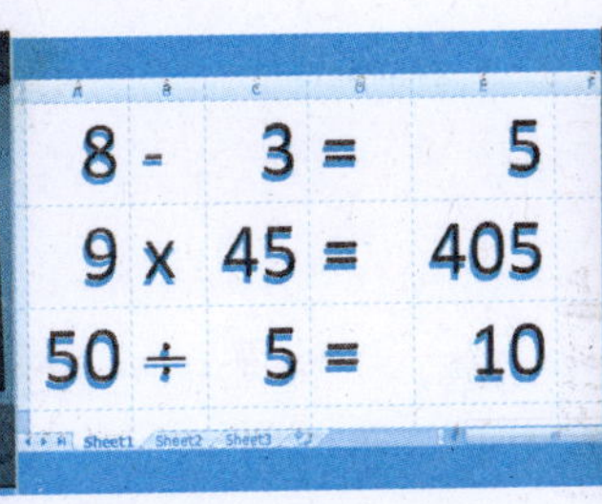

एक कंप्यूटर में प्रमुख दो भाग होते हैं—

1. हार्डवेयर
2. सॉफ्टवेयर

हार्डवेयर

हार्डवेयर कंप्यूटर के वे सभी भाग होते हैं, जिन्हें आप छू और देख सकते हैं, जैसे—सी.पी.यू., मॉनीटर, कीबोर्ड, स्पीकर, पावर सप्लाई और केबल आदि।

सॉफ्टवेयर

सॉफ्टवेयर निर्देशों का समूह है, जो हार्डवेयर को नियंत्रित करने और आवश्यक परिणाम प्राप्त करने में इस्तेमाल होता है।

इनपुट

डेटा या सूचना, जो हम कंप्यूटर को देते हैं उसे इनपुट कहते हैं।

अतिरिक्त जानकारी : डेटा क्या है?

जब आप कंप्यूटर में कोई अक्षर या संख्या टाइप करते हैं तो उसे **डेटा** कहते हैं। अर्थपूर्ण डेटा को **इन्फॉरमेशन** कहते हैं।

मेमोरी

मेमोरी वह स्थान है जहाँ कंप्यूटर इनपुट या प्रोसेस्ड डेटा को रखता है। मेमोरी दो प्रकार की होती हैं—

1. प्राइमरी (टेंपरेरी) मेमोरी (इसे रैम भी कहते हैं)
2. सेकंडरी (परमानेंट) मेमोरी (हार्ड डिस्क ड्राइव)

आउटपुट

डेटा प्रोसेस करने के बाद कंप्यूटर जो परिणाम देता है, उसे आउटपुट कहते हैं।

प्रोसेसिंग

यह मेमोरी में स्टोर किए गए डेटा को निर्देशों के अनुसार चलाने की कार्रवाई है।

2 + 3 = 5

इनपुट डिवाइस

इनपुट डिवाइस का प्रयोग कंप्यूटर में डेटा या इन्फॉर्मेशन भरने के लिए किया जाता है।

कुछ इनपुट डिवाइस इस प्रकार हैं—

- कीबोर्ड
- माउस
- वेब कैमरा
- माइक्रोफोन
- स्टाइलॅस पेन

आउटपुट डिवाइस

वैसी डिवाइस, जो इनपुट या प्रोसेस होनेवाले डेटा या इन्फॉरमेशन को दिखाती हैं, आउटपुट डिवाइस कहलाती हैं। कुछ आउटपुट डिवाइस निम्नलिखित हैं—

1. मॉनीटर (वी.डी.यू.)
2. स्पीकर
3. प्रिंटर

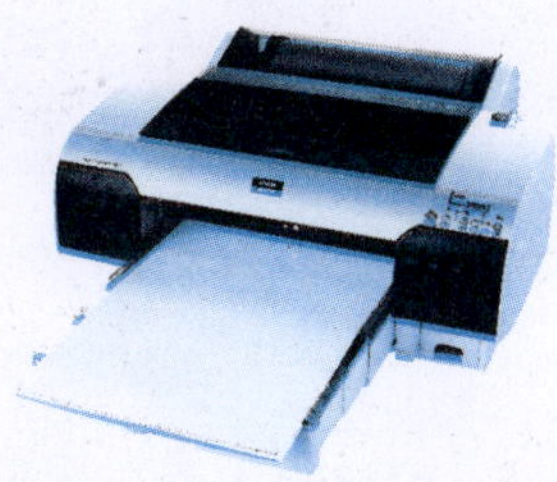

सी.पी.यू.

सी.पी.यू. का पूरा नाम 'सेंट्रल प्रोसेसिंग यूनिट' है। यह कंप्यूटर का मस्तिष्क होता है, जो सभी गणनाएँ भी करता है। इसे प्रोसेसर भी कहते हैं। यह कंप्यूटर का सबसे आवश्यक भाग है। सी.पी.यू. मदरबोर्ड पर लगा होता है। सी.पी.यू. और मदरबोर्ड कैबिनेट में बंद रहते हैं।

मदरबोर्ड

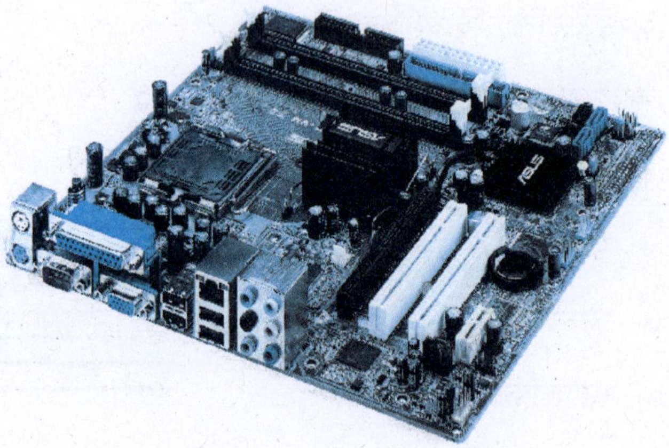

मदरबोर्ड मुख्य सर्किट बोर्ड होता है, जिस पर सी.पी.यू., मॉनीटर, मेमोरी, कीबोर्ड, माउस इत्यादि जुड़े होते हैं। मुख्य सी.पी.यू. के अतिरिक्त इस पर अन्य प्रोसेसर भी होते हैं, जो मुख्य सी.पी.यू. को कंप्यूटर के अन्य भागों के साथ सूचनाओं के आदान-प्रदान और नियंत्रण में सहायता करते हैं।

पेरिफेरल्स

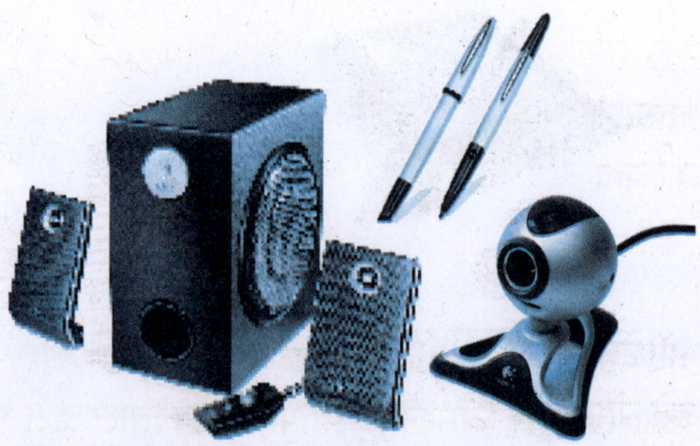

'पेरिफेरल्स' शब्द का तात्पर्य ऐसे भागों से है, जो कंप्यूटर संचालन में अतिआवश्यक नहीं हैं। ये कंप्यूटर से जुड़कर उसकी कार्य-क्षमता को बढ़ाते हैं।

2 सॉफ्टवेयर के प्रकार

अकसर जब आप कंप्यूटर से जुड़ते हैं तो 'सॉफ्टवेयर' नाम का शब्द सुनने को मिलता है। आप जानते हैं, सॉफ्टवेयर का क्या अर्थ है?

सॉफ्टवेयर

सॉफ्टवेयर निर्देशों की एक सूची होती है, जिसका प्रयोग कंप्यूटर के हार्डवेयर को नियंत्रित करने के लिए होता है। इसे प्रोग्राम या एप्लीकेशन भी कहते हैं।

कंप्यूटर सॉफ्टवेयर को मुख्यतया दो वर्गों में बाँटा जा सकता है—

1. ऑपरेटिंग सिस्टम (O.S.) सॉफ्टवेयर
2. एप्लीकेशन सॉफ्टवेयर

ऑपरेटिंग सिस्टम (ओ.एस.) सॉफ्टवेयर

ऑपरेटिंग सिस्टम (ओ.एस.) सॉफ्टवेयर हार्डवेयर से सीधे बातचीत करता है और काम करवाता है। यह कंप्यूटर को गणना करने के लिए मशीनी भाषा में निर्देश देता है। ऑपरेटिंग सिस्टम डेटा इनपुट लेता है और मशीनी भाषा (बाइनरी) में बदलकर हार्डवेयर द्वारा प्रोसेस और संचालन करवाता है। फिर सॉफ्टवेयर हार्डवेयर से परिणाम लेकर अंग्रेजी, हिंदी, फ्रांसीसी जैसी हमारे समझने योग्य भाषाओं में बदल देता है।

इस प्रकार ऑपरेटिंग सिस्टम सॉफ्टवेयर को एप्लीकेशन सॉफ्टवेयर का अनुवादक कह सकते हैं, जो हार्डवेयर से बातचीत करने में काम आता है। अनुवाद के अतिरिक्त यह सी.पी.यू., मेमोरी, कीबोर्ड और माउस आदि उपकरणों को व्यवस्थित भी रखता है।

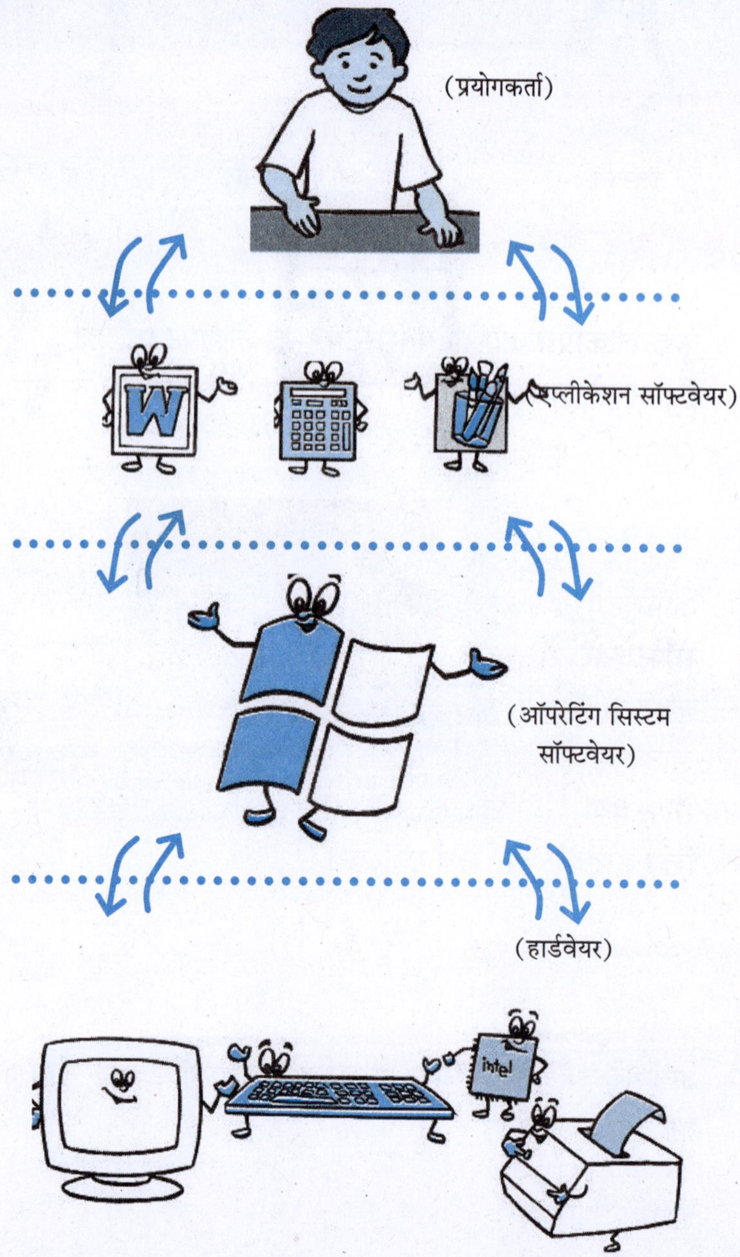

क्या आप जानते हैं?

डॉस (डिस्क ऑपरेटिंग सिस्टम) माइक्रोसॉफ्ट का एक लोकप्रिय सॉफ्टवेयर था। यह अब पूरी तरह लुप्त हो चुका है। अब इसका कोई प्रयोग नहीं करता। यह विंडोज के आसान प्रयोग के गुण के कारण विलुप्त हो गया है।

लिनक्स　　मैक, ओ.एस. एक्स　　बी ओ.एस.　　विंडोज 7　　एम.एस. डॉस

कुछ लोकप्रिय ऑपरेटिंग सिस्टम, माइक्रोसॉफ्ट विंडोज, लिनक्स, यूनिक्स, मैक ओ.एस., बी ओ.एस., डॉस इत्यादि हैं। अगले अध्याय में आप माइक्रोसॉफ्ट विंडोज XP के बारे में पढ़ेंगे।

एप्लीकेशन सॉफ्टवेयर

ऑपरेटिंग सिस्टम सॉफ्टवेयर के विपरीत एप्लीकेशन सॉफ्टवेयर सीधा यूजर से जुड़ते हैं। एप्लीकेशन सॉफ्टवेयर यूजर से डेटा इनपुट लेकर प्रोसेस किए गए परिणाम या आउटपुट को यूजर को देता है। यह ऑपरेटिंग सिस्टम सॉफ्टवेयर को निर्देश देता है कि इनपुट डेटा को चलाने के लिए हार्डवेयर पर नियंत्रण रखे।

अतिरिक्त जानकारी : सॉफ्टवेयर इंस्टॉलेशन

किसी भी ओ.एस. सॉफ्टवेयर या एप्लीकेशन सॉफ्टवेयर को प्रयोग करने से पहले उसे इंस्टॉल करना होता है। कंप्यूटर में सॉफ्टवेयर डालने की प्रक्रिया को इंस्टॉलेशन कहते हैं। इंस्टॉलेशन अध्यापक या सॉफ्टवेयर इंजीनियर की देख-रेख में करना चाहिए।

प्रोग्रामिंग लैंग्वेज

आप जानते हैं कि निर्देशों के समूह को प्रोग्राम कहते हैं। ऐसी विशेष भाषाएँ, जिनमें निर्देश लिखे जाते हैं, उन्हें प्रोग्रामिंग लैंग्वेज कहते हैं। प्रोग्रामिंग लैंग्वेज के कड़े नियम होते हैं, जो उसकी संरचना और अर्थ के बारे में बताते हैं। उनकी हजारों प्रोग्रामिंग लैंग्वेजेज हैं और प्रत्येक वर्ष अनेक नई लैंग्वेजेज बनती हैं।

कंप्यूटर प्रोग्रामिंग भाषा को हम दो समूहों में बाँट सकते हैं—

1. लो लेवल प्रोग्रामिंग लैंग्वेज
2. हाई लेवल प्रोग्रामिंग लैंग्वेज

लो-लेवल प्रोग्रामिंग लैंग्वेज

वह भाषा, जिसे कंप्यूटर हार्डवेयर सीधे-सीधे समझ लेता है, लो लेवल प्रोग्रामिंग लैंग्वेज कहलाती है। यह भाषा 0 और 1 दो संख्याओं पर आधारित है, अत: इसे बाइनरी लैंग्वेज या मशीन लैंग्वेज भी कहते हैं। मशीन लैंग्वेज समझने और प्रयोग करने में कठिन होती है। लो लेवल प्रोग्रामिंग लैंग्वेज के उदाहरण असेंबली, मशीन कोड इत्यादि हैं। ओ.एस. सॉफ्टवेयर के कुछ भाग लो लेवल प्रोग्रामिंग लैंग्वेज में लिखे जाते हैं।

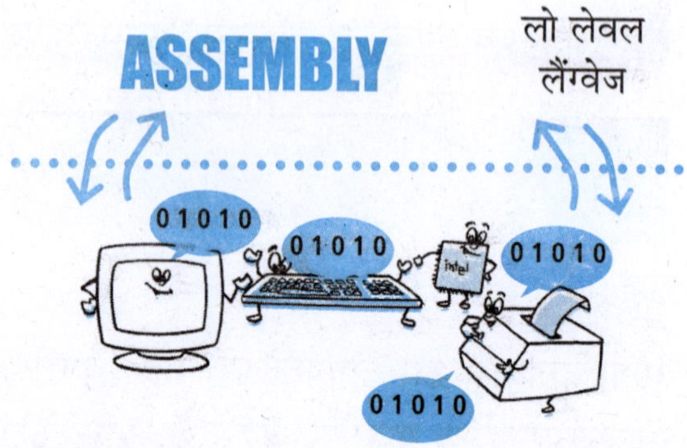

हाई-लेवल प्रोग्रामिंग लैंग्वेज

हाई लेवल प्रोग्रामिंग लैंग्वेज हमारी आम बोलचाल की भाषा के समान होती है। यह समझने और प्रयोग करने में आसान होती है। हाई लेवल प्रोग्रामिंग लैंग्वेज के कुछ उदाहरण विजुअल बेसिक, पास्कल, फॉरट्रेन, सी, सी++ आदि हैं। एप्लीकेशन सॉफ्टवेयर हाई लेवल प्रोग्रामिंग लैंग्वेज में लिखा जाता है।

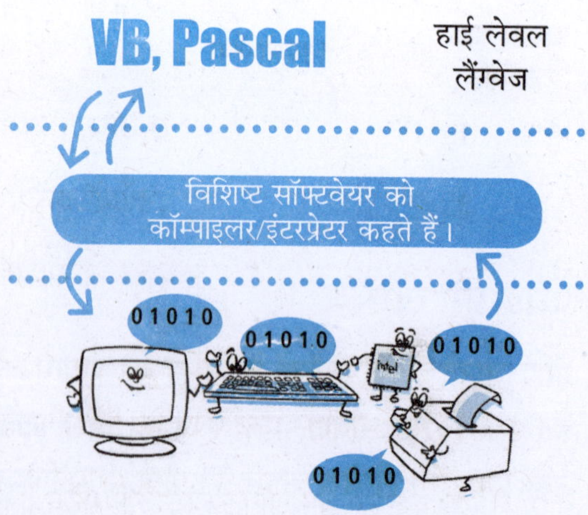

अतिरिक्त जानकारी : लो लेवल या हाई लेवल

लो लेवल और हाई लेवल का अर्थ यह नहीं है कि एक लैंग्वेज (भाषा) दूसरे से बड़ी या छोटी है। इन शब्दों का तात्पर्य सिर्फ इस बात से है कि वे कंप्यूटर हार्डवेयर के कितनी नजदीक हैं।

याद करें

- ओ.एस. सॉफ्टवेयर हार्डवेयर को नियंत्रित करता है और काम करवाता है।
- एप्लीकेशन सॉफ्टवेयर ओ.एस. सॉफ्टवेयर पर रहता है और प्रोसेसिंग के लिए हार्डवेयर को नियंत्रित करता है।
- लो लेवल प्रोग्रामिंग लैंग्वेज मशीन लैंग्वेज के नजदीक है।
- हार्डवेयर कंपोनेंट्स आपस में मशीन या बाइनरी लैंग्वेज में संवाद करते हैं, जो 0 या 1 के रूप में होता है।
- हाई लेवल प्रोग्रामिंग लैंग्वेज अंग्रेजी भाषा से मिलती-जुलती होती है।

अभ्यास

(अ) निम्न शब्दों को परिभाषित करें—

1. सॉफ्टवेयर
2. हाई-लेवल प्रोग्रामिंग लैंग्वेज
3. लो-लेवल प्रोग्रामिंग लैंग्वेज
4. एप्लीकेशन सॉफ्टवेयर
5. ओ.एस. सॉफ्टवेयर

(ब) शब्दों की सहायता से रिक्त स्थान भरें—

एप्लीकेशन सॉफ्टवेयर	बाइनरी लैंग्वेज	सॉफ्टवेयर

1. .... 0 और 1 से मिलकर बनती है।
2. .... निर्देशों का एक समूह है, जो हार्डवेयर को नियंत्रित रखता है।
3. .... यूजर से सीधा जुड़ा होता है और इनपुट लेकर प्रोसेस किए गए परिणाम दिखाता है।

(स) सही के लिए (स) और गलत के लिए (ग) लिखिए—

1. विंडोज XP एक एप्लीकेशन सॉफ्टवेयर है। ☐
2. एप्लीकेशन सॉफ्टवेयर, ऑपरेटिंग सिस्टम सॉफ्टवेयर के उपर काम करता है। ☐
3. ऑपरेटिंग सिस्टम सॉफ्टवेयर सीधे हार्डवेयर से इंटरफेस करता है और काम पूरा करता है। ☐
4. यूजर कंप्यूटर को लो लेवल प्रोग्रामिंग लैंग्वेज में निर्देश देता है। ☐

शिक्षकों से

- छात्रों को किसी सॉफ्टवेयर के इंस्टॉलेशन की विधि दिखाइए।
- उदाहरण की सहायता से बाइनरी डिजिट 0 और 1 के बारे में समझाइए।

बहुविकल्पीय प्रश्न

निम्न चार विकल्पों में से किसी एक सही विकल्प पर निशान (✓) लगाएँ।

1. सॉफ्टवेयर को ये भी कहते हैं—

अ. प्रोग्राम　　ब. एप्लीकेशन

स. अ और ब दोनों　　द. मदरबोर्ड

2. वह विशेष भाषा जिसमें निर्देश लिखे जाते हैं, उसे कहते हैं—

अ. बाइनरी लैंग्वेज　　ब. प्रोग्रामिंग लैंग्वेज

स. मशीन लैंग्वेज　　द. मल्टी-लेवल लैंग्वेज

3. कंप्यूटर की भाषाएँ दो समूहों में बाँट सकते हैं—

अ. लो-लेवल लैंग्वेज　　ब. हाई-लेवल लैंग्वेज

स. अ और ब दोनों　　द. अंग्रेजी और हिंदी

4. वह भाषा, जिसे कंप्यूटर हार्डवेयर सीधे समझता है उसे कहते हैं—

अ. हाई-लेवल प्रोग्रामिंग लैंग्वेज　　ब. एप्लीकेशन सॉफ्टवेयर लैंग्वेज

स. बाइनरी लैंग्वेज　　द. ऑपरेटिंग सिस्टम लैंग्वेज

5. कौन सी हाई लेवल लैंग्वेज नहीं है—

अ. बेसिक　　ब. पास्कल

स. फॉर्ट्रैन　　द. सी ++

6. सॉफ्टवेयरों को मोटे तौर पर दो वर्गों में बाँट सकते हैं—

अ. ऑपरेटिंग सिस्टम सॉफ्टवेयर　　ब. एप्लीकेशन सॉफ्टवेयर

स. अ और ब दोनों　　द. हाई लेवल और लो लेवल

3 कीबोर्ड का प्रयोग

कीबोर्ड

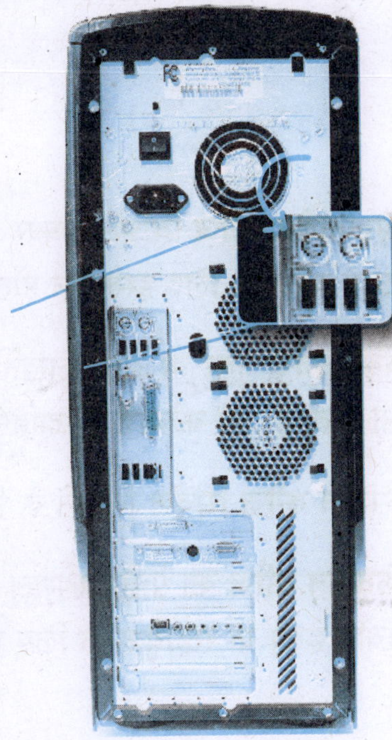

कीबोर्ड कंप्यूटर की एक महत्त्वपूर्ण इनपुट डिवाइस है। यह एक आयताकार उपकरण होता है जिस पर अक्षरों, संख्याओं और अन्य फंक्शनवाले 100 से अधिक बटन होते हैं, जिन्हें कीज कहते हैं। कीबोर्ड ले-आउट को QUERTY पुकारते हैं, क्योंकि कीबोर्ड के एल्फाबेटवाली पहली पंक्ति में प्रथम 6 अक्षर यही होते हैं।

कीबोर्ड सामान्यतः सी.पी.यू. के पीछे केबल से जुड़ा होता है। जिस स्थान पर कीबोर्ड जुड़ता है, उसे कीबोर्ड पोर्ट कहते हैं।

कीबोर्ड में 100 से अधिक बटन होते हैं जिसके निम्न प्रकार हैं—

- अल्फाबेट कीज
- नंबर कीज
- फंक्शन कीज
- सिंबल कीज
- स्पेशल कीज
- नेवीगेशन कीज

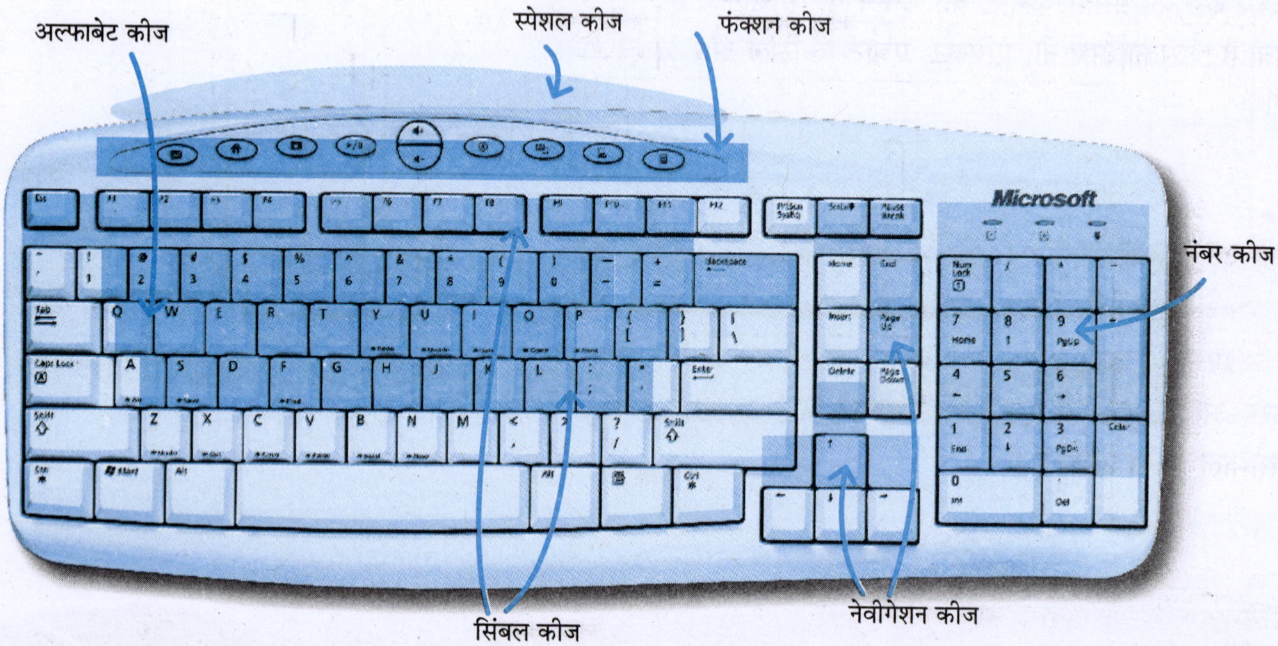

अल्फाबेट कीज विभिन्न प्रकार के वर्णमाला के अक्षर (कैपिटल या स्मॉल) टाइप करने के लिए इस्तेमाल होती हैं।

नंबर कीज नंबर या अंक लिखने के लिए इस्तेमाल होती हैं, ये नंबर पैड पर भी होती हैं, जो कीबोर्ड के दाहिनी तरफ होता है।

सिंबल कीज सिंबल लिखने के लिए इस्तेमाल की जाती हैं।

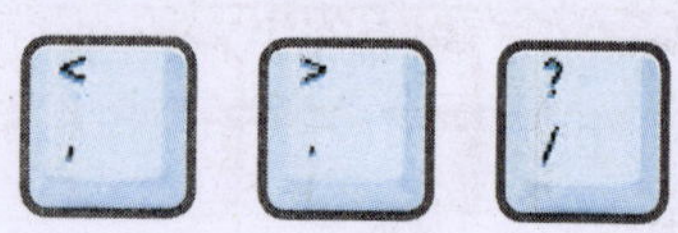

फंक्शन कीज का प्रयोग स्पेशल फंक्शन के लिए होता है, जैसे F1 का प्रयोग हेल्प या सहायता के लिए होता है।

स्पेशल कीज का प्रयोग विशेष फंक्शन के लिए होता है, जो निम्नलिखित हैं—

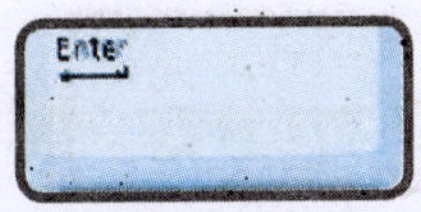

एंटर की का प्रयोग कंप्यूटर में इनपुट भेजने की पुष्टि या कंप्यूटर से आउटपुट प्राप्त करने के लिए होता है। टाइपिंग के समय इसका प्रयोग अगली लाइन पर जाने के लिए भी होता है।

स्केप की का प्रयोग कमांड को रोकने या कैंसिल करने के लिए होता है। इसका अर्थ नो, एक्जिट, एबोर्ट, कैंसिल और क्विट होता है।

टैब की का प्रयोग कर्सर (स्क्रीन पर चमकनेवाले तीर) को टाइपिंग के समय चलाने के लिए होता है। स्पेस बार को बार-बार दबाने से टाइप किए शब्द आगे-पीछे सरक जाते हैं। उन्हें एक सीध में करने और टेबलों को एक सीध में करने के लिए भी टैब की का इस्तेमाल किया जाता है।

बैकस्पेस की का प्रयोग करके कर्सर के बाईं ओर वाले अक्षर को मिटाया जाता है।

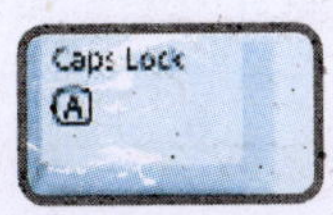

कैप्स लॉक की का प्रयोग टाइपिंग में केवल कैपिटल लेटर लाने के लिए किया जाता है।

शिफ्ट कीज का प्रयोग नंबर और सिंबल एवं कैपिटल और स्मॉल अक्षरों को बदलने के लिए होता है।

कंट्रोल और **ऑल्ट** कीज दूसरी की के साथ कुछ विशेष फंक्शन के लिए प्रयोग की जाती हैं। इनके बारे में आप बाद में पढ़ेंगे।

डिलीट की का प्रयोग करके कर्सर के दाईं ओर वाले अक्षर या चुने गए टेक्स्ट या ऑब्जेक्ट को मिटाया जाता है।

स्पेस बार सबसे लंबी की है। टाइपिंग के समय इसका प्रयोग एक खाली स्थान या स्पेस छोड़ने के लिए किया जाता है।

विंडोज की का प्रयोग स्टार्ट मेन्यू को खोलने के लिए किया जाता है।

राइट क्लिक की का प्रयोग शॉर्टकट मेन्यू को खोलने के लिए किया जाता है।

प्रिंट स्क्रीन की का प्रयोग किसी इमेज को कॉपी करके स्क्रीन पर दिखाने के लिए किया जाता है।

इनसर्ट की का प्रयोग टाइपिंग के समय इमेज या अक्षर इनसर्ट करने के लिए किया जाता है।

ऐरो कीज (कर्सर की) का प्रयोग कर्सर को ऊपर-नीचे, दाएँ और बाएँ चलाने के लिए किया जाता है। जब आप इनमें से कोई की दबाते हैं तो कर्सर उस दिशा में एक स्थान आगे बढ़ जाता है।

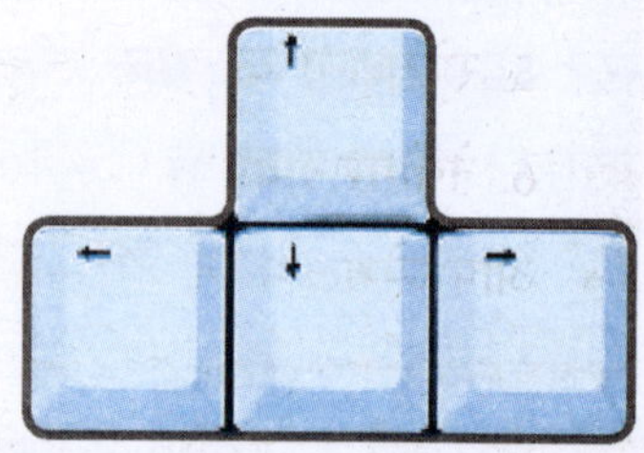

यदि डॉक्यूमेंट बड़ा हो तो ऐरो कीज द्वारा कर्सर चलाने पर काम धीरे और थकान भरा होता है। बड़े डॉक्यूमेंट के लिए दूसरी कीज का प्रयोग किया जाता है, जिससे कर्सर डॉक्यूमेंट में एक से दूसरे स्थान पर जल्दी-जल्दी चलता है।

अतिरिक्त जानकारी : स्क्रॉल लॉक एंड ब्रेक कीज

- पहले बड़े डॉक्यूमेंट की स्क्रॉलिंग रोकने के लिए स्क्रॉल लॉक की का प्रयोग होता था। अब इसका प्रयोग नहीं होता है। पहले किसी प्रोग्राम को बीच में रोकने के लिए ब्रेक की का प्रयोग होता था, जो अब प्रयोग नहीं होती।

नेवीगेशन कीज का प्रयोग कर्सर को स्क्रीन पर चलाने के लिए होता है। कीबोर्ड में नेवीगेशन कीज इस प्रकार होती हैं—

पेज अप और ***पेज डाउन*** कीज का प्रयोग डॉक्यूमेंट में एक स्क्रीन आगे या पीछे जाने के लिए होता है।

होम और ***एंड*** कीज का प्रयोग किसी पंक्ति के आरंभ या अंत में जाने के लिए होता है।

डॉक्यूमेंट का जितना भाग हमें स्क्रीन पर एक साथ दिखाई देता है, उसे स्क्रीन की हाइट या ऊँचाई कहते हैं।

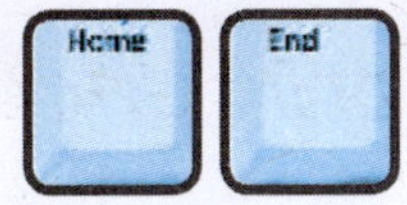

याद करें

- कीबोर्ड कंप्यूटर की एक महत्त्वपूर्ण इनपुट डिवाइस है।
- कीबोर्ड ले-आउट को QWERTY कहते हैं।
- कीबोर्ड में निम्नलिखित की कीज होती हैं—
  1. अल्फाबेट कीज
  2. नंबर कीज
  3. फंक्शन कीज
  4. सिंबल कीज
  5. स्पेशल कीज
  6. नेवीगेशन कीज
- आप स्पेशल कीज जैसे—कंट्रोल, ऑल्ट आदि को दूसरी कीज के साथ प्रयोग करके कुछ विशेष काम करते हैं।

अभ्यास

(अ) शब्दों की सहायता से रिक्त स्थान भरें—

एरो कीज   स्पेसबार   स्टार्ट मेन्यू   डिलीट

1. .... की का प्रयोग करके कर्सर के दाईं ओर वाला अक्षर मिटाते हैं।
2. .... कीबोर्ड की सबसे लंबी की होती है।
3. विंडो की का प्रयोग .... खोलने के लिए करते हैं।
4. .... का प्रयोग टाइपिंग के समय ऊपर-नीचे, दाएँ और बाएँ जाने के लिए करते हैं।

(ब) सही के लिए (स) और असत्य के लिए (ग) लिखिए—

1. वह स्थान जहाँ सी.पी.यू. में कीबोर्ड जोड़ते हैं उसे कीबोर्ड पोर्ट कहते हैं। ☐
2. बैक स्पेस की द्वारा कर्सर के दाईं ओर वाला अक्षर मिटाते हैं। ☐
3. इनसर्ट की टाइपिंग के समय अक्षर इनसर्ट करने के लिए इस्तेमाल होती है। ☐
4. होम और एंड की द्वारा डॉक्यूमेंट में ऊपर या नीचे जाते हैं। ☐
5. कैप्स लॉक की कैपिटल लेटर टाइप करने के लिए इस्तेमाल होती है। ☐

(स) प्रैक्टिकल

अपनी कॉपी में कीबोर्ड का नामांकित चित्र बनाएँ।

(द) निम्न प्रश्न का उत्तर दें—

1. डॉक्यूमेंट में ऊपर और नीचे जाने के लिए आप कौन सी की का प्रयोग करेंगे।

शिक्षकों से

- छात्रों से नोटपैड पर कीबोर्ड से टाइपिंग का अभ्यास करने के लिए कहें।
- कंप्यूटर प्रयोगशाला में छात्रों को विभिन्न कीज द्वारा होनेवाले काम समझाएँ।
- उदाहरण देकर कंट्रोल और एल्टर कीज के काम समझाएँ।

बहुविकल्पीय प्रश्न

निम्न चार विकल्पों में से किसी एक सही विकल्प पर निशान (✓) लगाएँ।

1. कंप्यूटर की सबसे प्रमुख इनपुट डिवाइस का नाम है—

अ. माउस　　ब. कीबोर्ड

स. स्पीकर　　द. पेरिफेरल

2. वह स्थान जहाँ सी.पी.यू. में कीबोर्ड लगाते हैं, उसे कहते हैं—

अ. माउस पोर्ट　　ब. कीबोर्ड पोर्ट

स. प्रिंटर पोर्ट　　द. एस्केप

3. **कीबोर्ड में निम्न प्रकार की कीज लगी हाती हैं—**

अ. एल्फाबेट कीज और नंबर कीज

ब. फंक्शन कीज और सिंबल कीज

स. स्पेशल कीज और नेविगेशन कीज

द. उपर्युक्त सभी

4. **शॉर्टकट मेन्यू खोलने के लिए निम्न में से क्या प्रयोग करते हैं?**

अ. लेफ्ट क्लिक की   ब. राइट क्लिक की

स. विंडोज की   द. ऐरो कीज

5. **अक्षर मिटाने के लिए कौन सी की दबाते हैं?**

अ. डिलीट की   ब. बैक स्पेस की

स. अ और ब दोनों   द. स्पेस बार की

6. **कीबोर्ड में कौन सी की सबसे लंबी की होती है?**

अ. एंटर की   ब. स्पेस बार

स. कंट्रोल की   द. ऑल्ट की

7. **कौन सी की कैपिटल लेटर टाइपिंग के लिए दबाते हैं?**

अ. एंटर की   ब. टैब की

स. कैप्सलॉक की   द. एस्केप की

8. **कौन सी की स्टार्ट मेन्यू खोलने के लिए दबाई जाती है?**

अ. ऑल्ट की   ब. कंट्रोल की

स. विंडो की   द. डिलीट की

4 माउस का प्रयोग

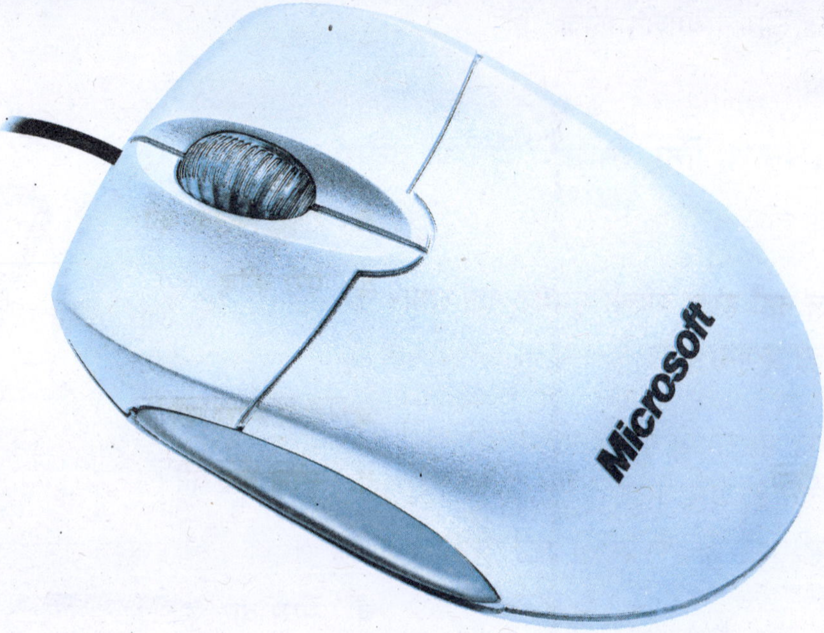

माउस

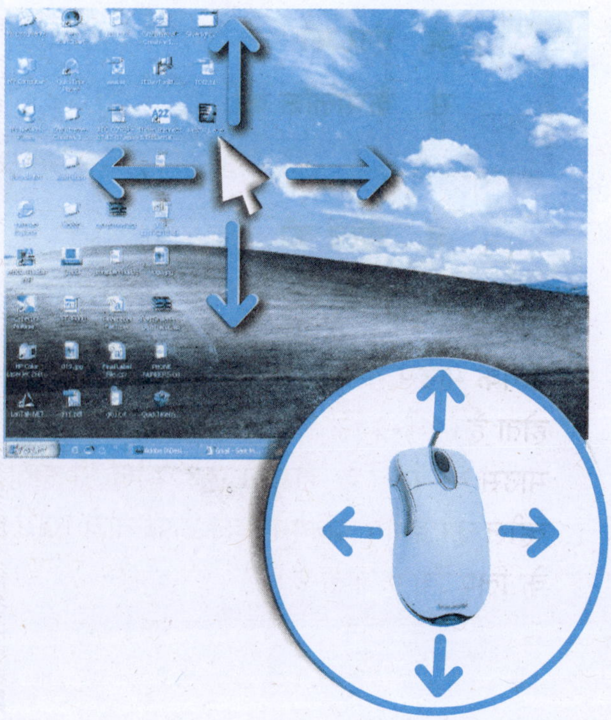

माउस एक इनपुट डिवाइस है, जो कंप्यूटर स्क्रीन पर कर्सर या पॉइंटर की चाल को नियंत्रित करती है। यह एक पॉइंटिंग डिवाइस है, जो स्क्रीन पर पॉइंटर को नियंत्रित करती है। देखने में यह एक बड़ी पूँछवाले चूहे की तरह लगती है। इसीलिए इसे माउस कहते हैं। माउस कंप्यूटर पर ड्रॉ करने या गेम खेलने में सहायता करता है। यह एप्लीकेशन खोलने, बंद करने, आइकन सिलेक्ट करने और चलाने आदि काम में इस्तेमाल होता है।

माउस मुख्य रूप से दो प्रकार के होते हैं—

मेकैनिकल माउस/बॉल माउस

सर्वाधिक इस्तेमाल होनेवाला माउस यही है, जिसमें नीचे रबड़ या धातु की एक बॉल लगी होती है। जब माउस को चलाते हैं तो बॉल घूमती है और उसी के साथ कंप्यूटर स्क्रीन पर पॉइंटर भी घूमता है।

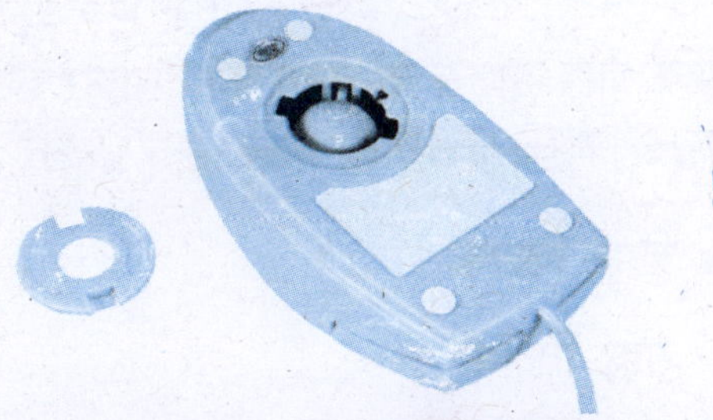

ऑप्टिकल माउस/लाइट माउस

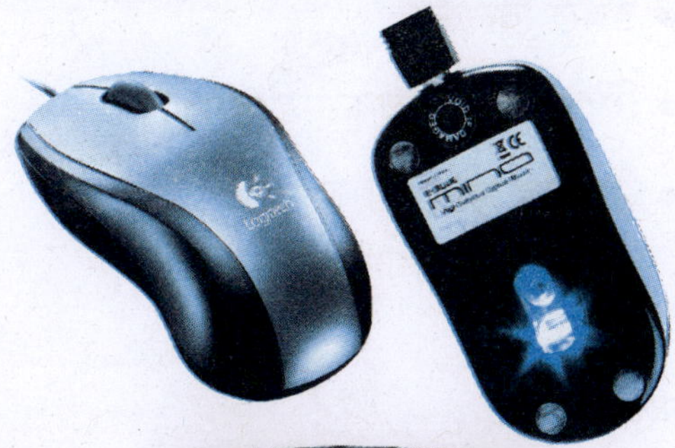

इस तरह के माउस में बॉल नहीं होती बल्कि मूवमेंट पता लगाने के लिए माउस लेजर लाइट का प्रयोग करता है।

कीबोर्ड की तरह माउस को भी सी.पी.यू. के पीछे जोड़ा जाता है। वह स्थान जहाँ माउस जोड़ते हैं, उसे माउस पोर्ट या पीएस/2 पोर्ट कहते हैं।

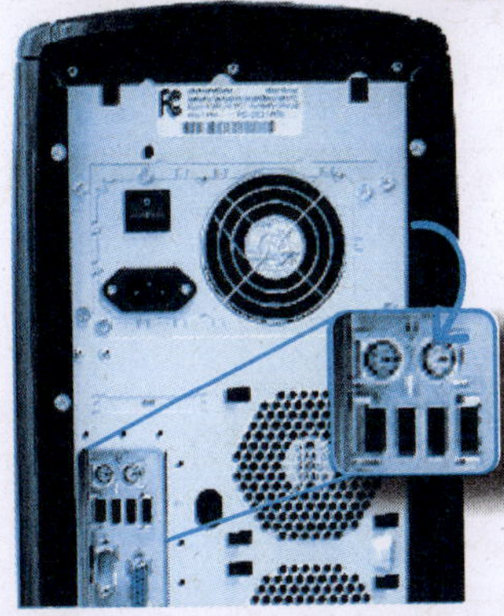

सावधान

चमकीली लाइट से सावधान रहें। उसे सीधे आँखों पर न पड़ने दें।

प्रत्येक माउस में एक बायाँ और एक दायाँ बटन होता है। (जैसा कि दिखाया गया है) आजकल कुछ माउस के बटनों के बीच में एक व्हील भी होता है। व्हील का प्रयोग डॉक्यूमेंट को ऊपर नीचे खिसकाने के लिए किया जाता है।

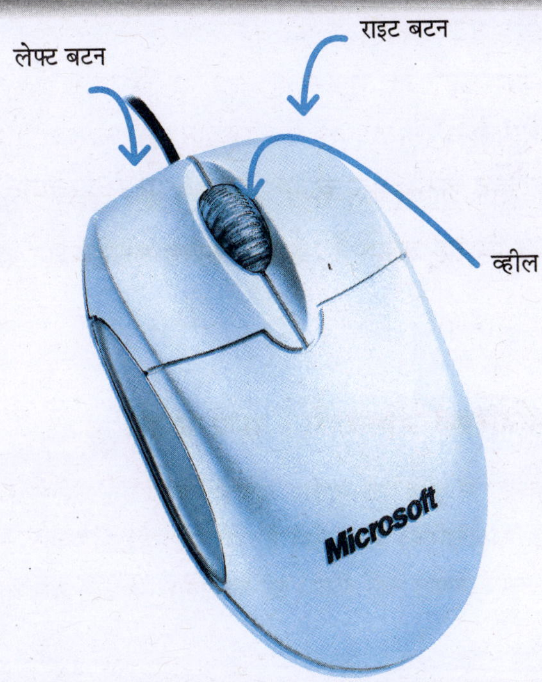

माउस से काम करना (क्लिक एंड ड्रैग)

जब आप माउस के बटन को दबाकर छोड़ते हैं तो क्लिक की आवाज सुनाई देती है। इसे 'माउस क्लिक' कहते हैं। भिन्न-भिन्न कार्यों के लिए आप माउस को इस प्रकार क्लिक कर सकते हैं—

- लेफ्ट क्लिक
- राइट क्लिक
- डबल क्लिक
- सिलेक्शन (क्लिक एंड ड्रैग)
- ड्रैग एंड ड्रॉप

लेफ्ट क्लिक : बटन को एक बार दबाकर छोड़ दें।

लेफ्ट क्लिक

जब आप माउस का बायाँ बटन दबाकर छोड़ते हैं तो उसे लेफ्ट क्लिक कहते हैं। इसका प्रयोग आइकन और बटन चुनने, विंडोज में मेन्यू खोलने आदि के लिए करते हैं।

राइट क्लिक : बटन को एक बार दबाकर छोड़ दें।

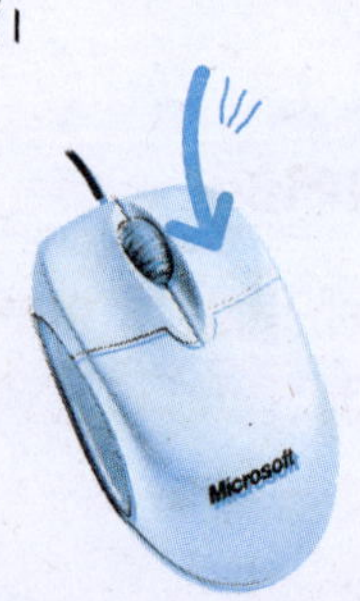

राइट क्लिक

जब आप माउस का दायाँ बटन दबाकर छोड़ते हैं तो उसे राइट क्लिक कहते हैं। इसका प्रयोग प्रॉपर्टी देखने, मेन्यू विकल्पों को खोलने और चुने गए आइटम पर काम करने के लिए होता है।

डबल क्लिक : बटन को दो बार जल्दी-जल्दी दबाकर छोड़ दें।

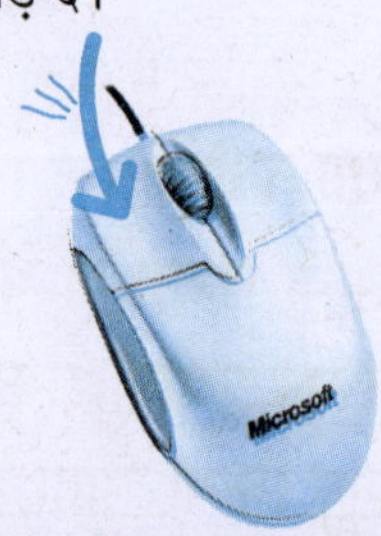

डबल क्लिक

जब आप माउस का बायाँ बटन दो बार जल्दी-जल्दी दबाकर छोड़ते हैं तो उसे डबल क्लिक कहते हैं। इसका प्रयोग एप्लीकेशन खोलने के लिए किया जाता है।

अतिरिक्त जानकारी : अन्य माउस

बाजार में कुछ ऐसे माउस आते हैं जिनमें एक व्हील के साथ 4-5 बटन होते हैं। ऊपर के दो बटन लेफ्ट-राइट के अतिरिक्त 2-3 अतिरिक्त बटन होते हैं, जो तेज वेब ब्राउसिंग जैस कार्यों में इस्तेमाल होते हैं। एक अन्य प्रकार का माउस आता है, जिसमें केबल नहीं होता। इसे वायरलेस या टेल लेस माउस कहते हैं।

अतिरिक्त जानकारी : ज्यादा क्लिक

कुछ अन्य विधियाँ हैं, जिनमें कीबोर्ड को माउस क्लिक के साथ प्रयोग करके अतिरिक्त कार्य किए जाते हैं। उदाहरण के लिए, शिफ्ट के साथ लेफ्ट क्लिक करें। ध्यान रखें कि केवल कुछ प्रोग्राम में ही (सब में नहीं) क्लिक के अतिरिक्त फंक्शन प्रयोग होते हैं।

क्लिक एंड ड्रैग (सिलेक्शन)

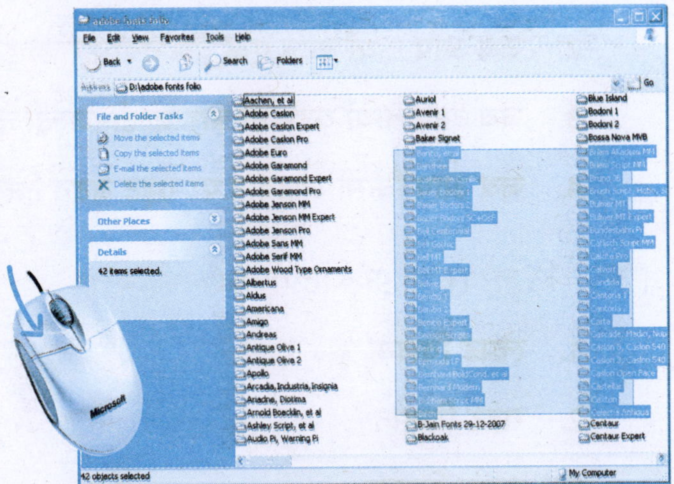

क्लिक एंड ड्रैग (सिलेक्शन)

जब आप माउस का बायाँ बटन दबाते हैं और उसे बिना छोड़े ड्रैग करते हैं तो उसे क्लिक एंड ड्रैग कहते हैं। इसका प्रयोग करके स्क्रीन पर एक साथ बहुत सारे आइटम चुने जाते हैं। इसका प्रयोग ड्राइंग और पेंटिंग के लिए होता है।

ड्रैग एंड ड्रॉप

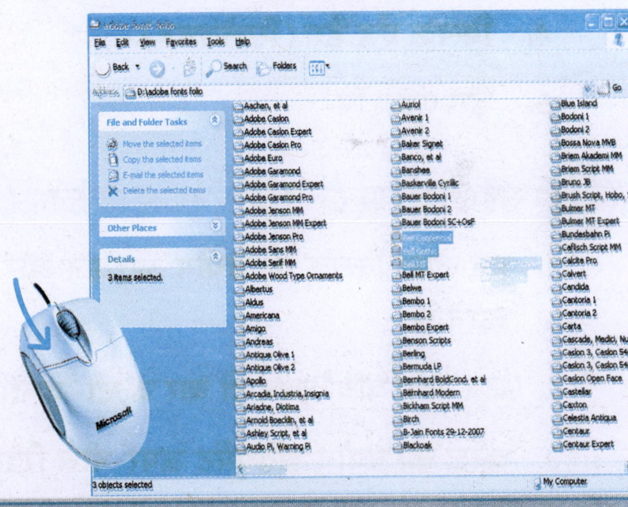

ड्रैग एंड ड्रॉप (चीजों को इधर-उधर हटाना)

जब आप लेफ्ट क्लिक द्वारा कोई आइकन चुनते हैं और माउस को दूसरी दिशा में ड्रैग करके लेफ्ट बटन को छोड़ देते हैं तो इसे ड्रैग एंड ड्रॉप कहते हैं। इसका प्रयोग चुने गए आइटम को एक से दूसरे स्थान पर ले जाने के लिए होता है।

याद करें

- माउस एक इनपुट डिवाइस है, जो कंप्यूटर की स्कीन पर कर्सर या पॉइंटर का मूवमेंट नियंत्रित रखती है।
- मेकैनिकल और ऑप्टिकल दो तरह के माउस होते हैं।
- माउस में लेफ्ट व राइट बटन और एक व्हील होता है।
- विभिन्न काम करने के लिए आप माउस बटन को कई तरह से क्लिक कर सकते हैं।

अभ्यास

(अ) शब्दों की सहायता से रिक्त स्थान भरो—

मेन्यू ऑप्शंस	राइट क्लिक	डबल क्लिक	लेफ्ट क्लिक

1. जब आप बायाँ बटन एक बार दबाकर छोड़ देते हैं तो उसे .... कहते हैं।
2. जब आप दायाँ बटन एक बार दबाकर छोड़ देते हैं तो उसे .... कहते हैं।
3. जब आप बायाँ बटन दो बार जल्दी-जल्दी दबाकर छोड़ देते हैं तो उसे .... कहते हैं।
4. जब आप किसी आइकन पर राइट बटन क्लिक करते हैं तो .... खुल जाता है।

(ब) निम्न पर संक्षिप्त टिप्पणी लिखें—

1. लेफ्ट क्लिक
2. राइट क्लिक
3. डबल क्लिक
4. क्लिक एंड ड्रैग (सिलेक्शन)
5. ड्रैग एंड ड्रॉप

(स) सही के लिए (स) और गलत के लिए (ग) लिखिए—

1. हम लेफ्ट क्लिक का प्रयोग आइकन और बटन चुनने तथा विंडोज मेन्यू आदि खोलने के लिए करते हैं। ☐
2. जब आप बायाँ बटन दो बार जल्दी-जल्दी दबाकर छोड़ देते हैं तो उसे क्लिक कहते हैं। ☐
3. व्हील का प्रयोग डॉक्यूमेंट ऊपर-नीचे खिसकाने के लिए होता है। ☐
4. वह स्थान, जहाँ सी.पी.यू. में माउस जोड़ा जाता है उसे 'कीबोर्ड पोर्ट' कहते हैं। ☐
5. मेकैनिकल माउस की सतह पर एक बॉल लगी होती है। ☐

(द) प्रैक्टिकल

अपनी कॉपी में माउस का एक नामांकित चित्र बनाएँ।

शिक्षकों से

- छात्रों को विभिन्न प्रकार के माउस दिखाएँ और उसके बारे में समझाएँ।
- छात्रों को कंप्यूटर प्रयोगशाला ले जाएँ और मउस

बहुविकल्पीय प्रश्न

निम्न चार विकल्पों में से किसी एक सही विकल्प पर निशान (✓) लगाएँ।

1. माउस एक इनपुट डिवाइस है, जो कंप्यूटर स्क्रीन पर .... का मूवमेंट नियंत्रित करता है—

   अ. कर्सर

   ब. पॉइंटर

   स. मॉनीटर

   द. अ और ब दोनों

2. माउस का प्रयोग निम्न के लिए किया जाता है—

   अ. एप्लीकेशन को खोलने और बंद करने के लिए

   ब. सिलेक्ट और मूव करने के लिए

   स. गेम खेलने के लिए

   द. उपर्युक्त सभी

3. दो प्रकार के माउस उपलब्ध हैं—

   अ. मेकैनिकल माउस

   ब. ऑप्टिकल माउस

   स. अ और ब दोनों

   द. इनपुट टाइप और आउटपुट टाइप

4. वह स्थान जहाँ सी.पी.यू. में माउस जोड़ते हैं, उसे कहते हैं—

   अ. माउस पोर्ट

   ब. पी.एस./2 पोर्ट

स. के.बी.डी. पोर्ट

द. अ और ब दोनों

5. माउस पर लगे दो बटन ये होते हैं—

अ. लेफ्ट बटन

ब. राइट बटन

स. सेंटर बटन

द. अ और ब दोनों

6. माउस क्लिक निम्न प्रकार से हो सकते हैं—

अ. लेफ्ट क्लिक

ब. राइट क्लिक

स. डबल क्लिक

द. उपर्युक्त सभी

7. .... का प्रयोग एक साथ बहुत सारे आइटम चुनने के लिए होता है।

अ. क्लिक एंड ड्रैग

ब. लेफ्ट क्लिक

स. राइट क्लिक

द. डबल क्लिक

8. माउस से एक आइकन को एक से दूसरे स्थान पर ले जाने को कहते हैं—

अ. क्लिक एंड ड्रैग

ब. ड्रैग एंड ड्रॉप

स. लेफ्ट क्लिक

द. राइट क्लिक

5 कंप्यूटर स्टार्ट और शट डाउन

अब तक आप कंप्यूटर के आरंभिक कार्यों के बारे में जान चुके हैं। लेकिन कंप्यूटर पर काम आरंभ करने और डेटा इनपुट करने से पहले हमें यह अवश्य जानना चाहिए कि कंप्यूटर को ऑन और ऑफ कैसे करते हैं।

इस अध्याय में आप यह जानेंगे कि कंप्यूटर को ऑन और ऑफ कैसे करते हैं।

कंप्यूटर स्टार्ट करना

कंप्यूटर को चालू करके काम करने लायक स्थिति में लाने को कंप्यूटर स्टार्ट करना कहते हैं। इस क्रिया को 'बूटिंग' भी कहते हैं। बूटिंग के दौरान ऑपरेटिंग सिस्टम सभी हार्डवेयर डिवाइसों को पहचानकर उन्हें काम करने की स्थिति में लाता है।

कंप्यूटर स्टार्ट करने की विधि—

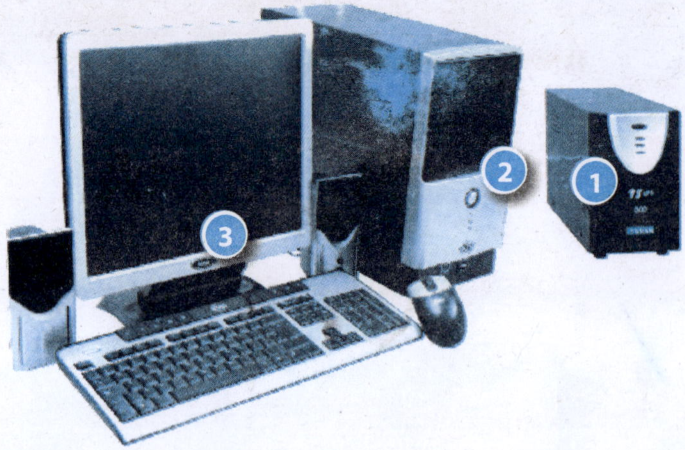

1. यू.पी.एस. को ऑन करिए।
2. सी.पी.यू. का पावर बटन दबाइए।
3. मॉनीटर को ऑन करिए।

अतिरिक्त जानकारी : यू.पी.एस.

यू.पी.एस. का पूरा नाम अनइंटरप्टेड पावर सप्लाई है। इस उपकरण में एक या अधिक बैटरियाँ होती हैं। बिजली चली जाने पर भी यह कंप्यूटर को लगातार पावर देता रहता है। कंप्यूटर तब तक लगातार काम कर सकता है जब तक कि बैटरियाँ खत्म न हो जाएँ।

कंप्यूटर बंद करना

कंप्यूटर शट डाउन या टर्न ऑफ का अर्थ काम समाप्त करने के बाद ठीक विधि से कंप्यूटर बंद करना होता है।

कंप्यूटर शट डाउन करने की विधि

1. विंडोज टास्कबार में **स्टार्ट** बटन पर क्लिक करिए।
2. **टर्न ऑफ कंप्यूटर** बटन पर क्लिक करिए।
3. **टर्न ऑफ** बटन पर क्लिक करिए।
4. कंप्यूटर बंद होने के बाद मॉनीटर और यू.पी.एस. को बंद करिए।

अन्य फंक्शन

रीस्टार्ट

रीस्टार्ट बटन कंप्यूटर को ऑफ करने के बाद तुरंत ही दुबारा चालू कर देता है। इसे 'सॉफ्ट बूटिंग' भी कहते हैं।

स्टैंड बाई

स्टैंड बाई बटन बैटरी या बिजली से चलनेवाले कंप्यूटर (विशेषकर लैपटॉप) की पावर बचाने के लिए प्रयोग किया जाता है।

यह कंप्यूटर के अधिकांश ऐसे पैरिफेरल्स बंद कर देता है, जो कंप्यूटर चलाए रखने के लिए जरूरी नहीं होते और जब उनकी आवश्यकता होती है तो उन्हें ऑन कर देता है।

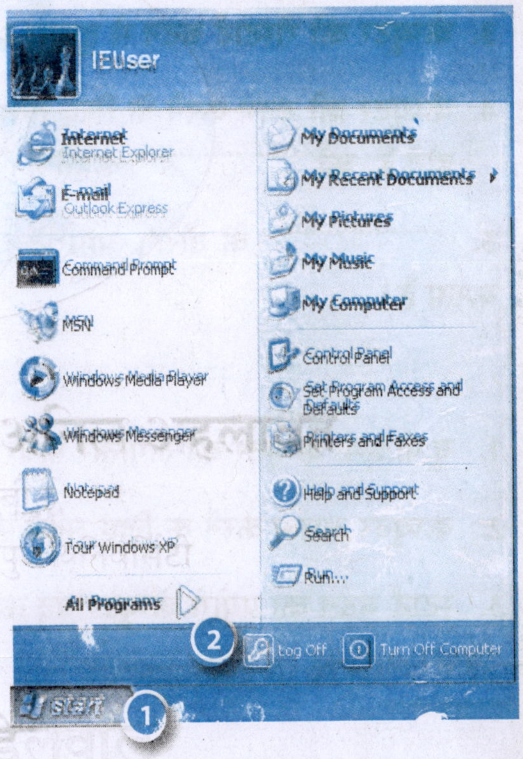

लॉग ऑफ

पी.सी. को एक से अधिक लोग इस्तेमाल कर सकते हैं (एक समय में एक ही)। जब एक कंप्यूटर को कई लोग मिलकर इस्तेमाल करते हैं तो उन सभी के लिए कंप्यूटर ऑन करने के लिए एक यूजर नेम और पासवर्ड दिया जाता है। इसे 'साइन इन' या 'लॉग इन' भी कहते हैं। यूजर 'लॉग इन' द्वारा कंप्यूटर को खोलकर काम कर सकता है और फिर उसे बंद कर सकता है।

याद करें

- कंप्यूटर स्टार्ट करने या बूट करने का अर्थ हार्डवेयर को काम के लायक स्थिति में लाना होता है।
- कंप्यूटर शट डाउन या टर्न ऑफ का अर्थ कार्य के बाद कंप्यूटर ठीक तरह से स्विच ऑफ या बंद करना होता है।
- रीस्टार्ट बटन दबाने पर कंप्यूटर ऑफ होने के बाद दुबारा ऑन हो जाता है।
- जब एक ही कंप्यूटर को कई लोग अलग-अलग समय पर इस्तेमाल करते हैं तो 'लॉग इन' और 'लॉग ऑफ' का प्रयोग किया जाता है।

अभ्यास

(अ) शब्दों की सहायता से रिक्त स्थान भरें—

स्टैंड बाई	लॉग इन	बूटिंग	रीस्टार्ट बटन	सॉफ्ट बूटिंग

1. .... कंप्यूटर को ऑफ करने के बाद दुबारा ऑन करता है।
2. .... बैटरी या बिजली से चलनेवाले कंप्यूटर विशेषकर लैपटॉप की पावर बचाने के लिए प्रयोग होता है।
3. कंप्यूटर को रीस्टार्ट बटन से दुबारा ऑन करने को .... कहते हैं।
4. कंप्यूटर को काम करने के लिए तैयार करने की प्रक्रिया, जिसमें यूजर नेम और पासवर्ड इस्तेमाल होते हैं, को .... कहते हैं।
5. .... के दौरान ऑपरेटिंग सिस्टम सी.पी.यू. से जुड़े हार्डवेयर के सभी भागों को चेक करता है।

(ब) सही के लिए (स) और गलत के लिए (ग) लिखिए—

1. यू.पी.एस. कंप्यूटर को लगातार पावर देता है। ☐
2. कंप्यूटर आरंभ करने के लिए सदैव एक यूजर नेम और पासवर्ड दिया जाता है। ☐
3. स्टार्ट बटन का प्रयोग कंप्यूटर बंद करने के लिए करते हैं। ☐

शिक्षकों से

- छात्रों को कंप्यूटर कक्ष में ले जाइए और उन्हें कंप्यूटर स्टार्ट एवं टर्न ऑफ करने की सही विधि सिखाइए।
- छात्रों को स्टार्ट, स्टैंड बाई और लॉग ऑफ के फंक्शन समझाइए।

बहुविकल्पीय प्रश्न

निम्न चार विकल्पों में से किसी एक सही विकल्प पर सही (✓) का निशान लगाएँ।

1. .... कंप्यूटर को कार्य स्थित में लाने की प्रक्रिया है—

   अ. रीस्टार्ट

   ब. स्टार्ट

   स. बूटिंग

   द. लॉग ऑन

2. कंप्यूटर स्विच ऑफ का अर्थ है—

   अ. शट डाउन

   ब. टर्न ऑफ कंप्यूटर

   स. अ और ब दोनों

   द. स्टार्टिंग

3. कंप्यूटर को रीस्टार्ट करना कहलाता है—

   अ. बूटिंग

   ब. शट डाउन

   स. सॉफ्ट बूटिंग

   द. स्टैंड बाई

4. यह कंप्यूटर के अधिकांश पेरीफेरल्स बंद कर देता है, जो कंप्यूटर चलने के लिए आवश्यक नहीं होते और आवश्यकता पड़ने पर उन्हें ऑन कर देता है—

   अ. रीस्टार्ट   ब. स्टैंड बाई

   स. लॉग ऑफ   द. बूटिंग

5. 'लॉग इन' का अर्थ यह भी होता है—

   अ. लॉग ऑफ   ब. साइन इन

   स. साइन आउट   द. लॉग आउट

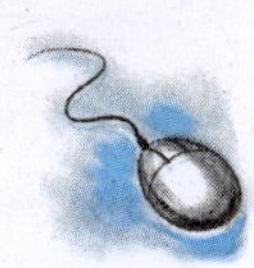

6 विंडोज XP का परिचय

पिछले अध्याय में आपने पढ़ा कि किस तरह कंप्यूटर को स्टार्ट और शट डाउन करते हैं। क्या आपने ध्यान दिया कि जब कंप्यूटर ऑन करते हैं तो कौन सा लोगो दिखाई देता है ? संभवत: आपके कंप्यूटर पर माइक्रोसॉफ्ट विंडोज XP का लोगो दिखाई देगा।

क्या आप जानते हैं कि इसका अर्थ क्या है ?

इस अध्याय में आप माइक्रोसॉफ्ट विंडोज XP और उसके विभिन्न अंगों के बारे में पढ़ेंगे।

विंडोज

माइक्रोसॉफ्ट विंडोज, जिसे विंडोज भी कहते हैं, माइक्रोसॉफ्ट द्वारा बनाया और बेचा जानेवाला ऑपरेटिंग सिस्टम है। विंडोज का नवीनतम संस्करण (वर्जन) विंडोज 7 है, जो अक्तूबर 2009 में आया। इससे पहलेवाला संस्करण विंडोज विस्टा अधिक सफल नहीं रहा, क्योंकि वह कुछ धीरे काम करता है। विंडोज 7 सबसे नया है और इसे चलाने के

विंडोज 7 डेस्कटॉप

लिए शक्तिशाली हार्डवेयर की आवश्यकता होती है। इसे बाजार में जमने के लिए कुछ समय लगेगा, इसलिए इस पुस्तक में आप विंडोज XP के बारे में जानेंगे।

विंडोज XP में विंडोज के अंग या कंपोनेंट

विंडोज XP के प्रमुख अंग निम्नलिखित हैं—

डेस्कटॉप

जब आप कंप्यूटर स्टार्ट करते हैं तो पहली स्क्रीन लगभग वैसी आती है जैसी यहाँ दिखाई गई है। यह स्क्रीन **डेस्कटॉप** कहलाती है। डेस्कटॉप एक मेज की तरह होता है, जिस पर आप पढ़ाई या काम करते हैं। जैसे आप पेंसिल, कैलेंडर, पेन, इरेजर, नोट बुक, कॉपी इत्यादि डेस्क पर रखते हैं वैसे ही विंडोज डेस्कटॉप पर रखा होता है। सभी आवश्यक सामग्री, टूल्स और प्रोग्राम जैसे कैलेंडर, क्लॉक, नोटपैड और अन्य सॉफ्टवेयर डेस्कटॉप पर रहते हैं। डेस्कटॉप की सहायता से आप कंप्यूटर में कोई भी कार्य कर सकते हैं।

डेस्कटॉप

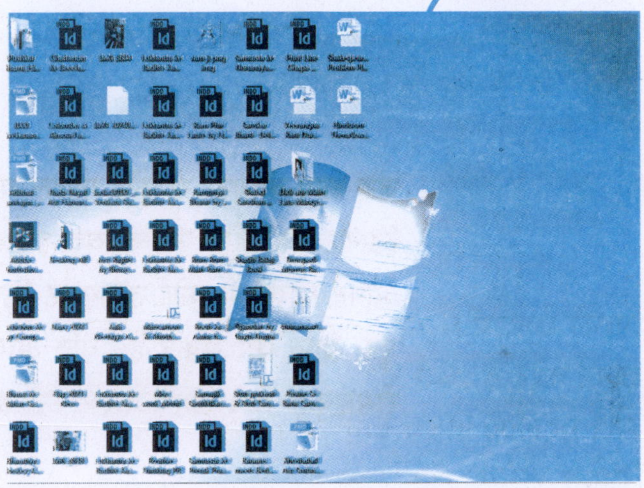

आइकंस

आइकन डेस्कटॉप पर छोटी-छोटी पिक्चरें होती हैं।

प्रत्येक आइकन किसी विशेष फाइल, कंप्यूटर प्रोग्राम या शॉर्टकट को दरशाता है। डेस्कटॉप पर कुछ प्रमुख आइकन ये होते हैं—

सिस्टम आइकंस

माई कंप्यूटर, माई डॉक्यूमेंट्स और रीसाइकल बिन सिस्टम आइकंस कहलाते हैं।

माई कंप्यूटर

माई कंप्यूटर आइकन कंप्यूटर में लगी ड्राइव और उनमें स्टोर फाइलें दिखाता है। ये ड्राइव, हार्ड डिस्क, सी.डी./डी.वी.डी., फ्लॉपी ड्राइव और रिमूवेबल ड्राइव हो सकती हैं।

माई डॉक्यूमेंट्स

माई डॉक्यूमेंट्स एक विशेष फोल्डर है, जिसमें आप अपनी सभी फाइलें स्टोर कर सकते हैं। 'माई डॉक्यूमेंट्स' में अन्य प्रमुख फोल्डर 'माई म्यूजिक', 'माई पिक्चर', 'माई वीडियोज' आदि हैं।

रीसाइकल बिन

जब आप कंप्यूटर से कोई फाइल या डॉक्यूमेंट डिलीट करते (हटाते) हैं तो वह स्थायी रूप से डिलीट नहीं होता बल्कि वह फाइल या डॉक्यूमेंट रीसाइकल बिन में स्टोर हो जाता है। यदि आपने गलती से कोई डॉक्यूमेंट डिलीट कर दिया है तो रीसाइकल बिन से उसे रीस्टोर करके पुनः प्राप्त कर सकते हैं। यदि आप डॉक्यूमेंट को स्थायी रूप से डिलीट करना चाहते हैं तो रीसाइकल बिन खाली करके उसे हमेशा के लिए हटा सकते हैं।

टास्कबार

डेस्कटॉप के नीचे जो पट्टी दिखाई देती है, उसे **टास्कबार** कहते हैं। आपके कंप्यूटर पर जितने एप्लीकेशंस खुले होते हैं, वे सब यहाँ से संचालित होती हैं। टास्कबार में निम्नलिखित भाग होते हैं—

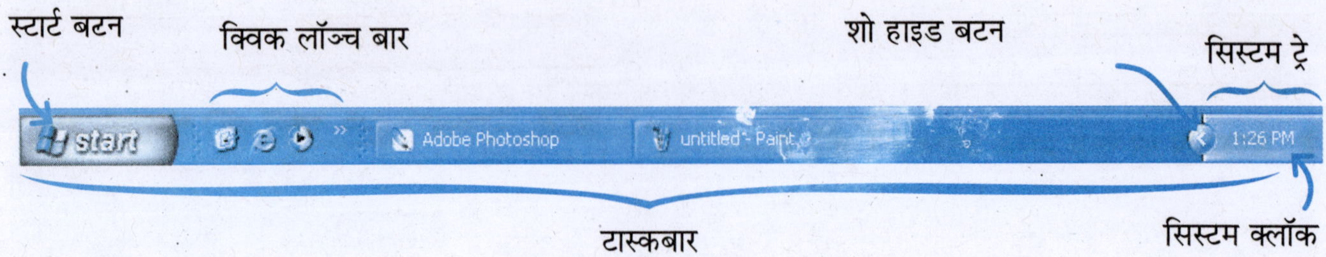

स्टार्ट बटन

स्टार्ट बटन टास्कबार में बाईं ओर कोने में होता है। इससे स्टार्ट मेन्यू, ऑल प्रोग्राम्स, टर्न ऑफ आदि बटन खोले जाते हैं। जब स्टार्ट बटन पर क्लिक करते हैं तो स्टार्ट मेन्यू खुल जाता है। स्टार्ट मेन्यू से निम्न बटन खोले जाते हैं—

- कंप्यूटर में मौजूद सभी प्रोग्राम
- माई डॉक्यूमेंट्स, माई कंप्यूटर, माई रिसेंट डॉक्यूमेंट्स आदि
- फाइल सर्च यूटिलिटी, सिस्टम सेटिंग आदि।
- आप स्टार्ट बटन मेन्यू को अपनी पसंद और सुविधा के अनुसार तय कर सकते हैं।

स्टार्ट मेन्यू में प्रोग्राम, डॉक्यूमेंट और सेटिंग को खोलने के कमांड होते हैं। इन कमांडों में प्रोग्राम, डॉक्यूमेंट, सेटिंग, फाइंड , हेल्प, रन और टर्न ऑफ भी शामिल हैं।

स्टार्ट मेन्यू

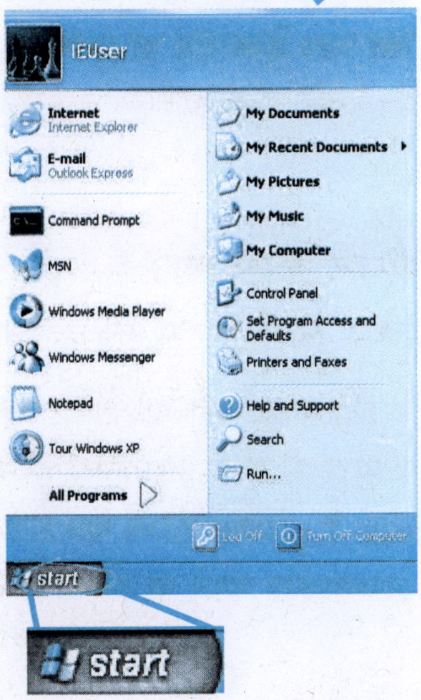

प्रोग्राम मेन्यू

कंप्यूटर में इंस्टॉल किए गए सभी प्रोग्राम प्रोग्राम मेन्यू में मिलते हैं। इस मेन्यू में एक्सेसरीज, गेम, स्टार्टअप प्रोग्राम आदि की सूची मिलती है। इस प्रोग्राम मेन्यू से आप अपनी पसंद के प्रोग्राम खोल सकते हैं।

प्रोग्राम मेन्यू

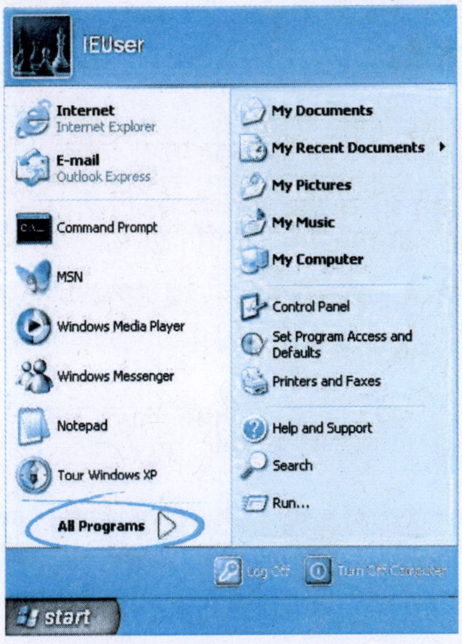

शॉर्टकट मेन्यू या राइट क्लिक मेन्यू

जब आप डेस्कटॉप पर माउस से राइट क्लिक करते हैं तो शॉर्टकट मेन्यू सामने आता है। इसमें अरेंज आइकन बाई, रिफ्रेश, पेस्ट, प्रॉपर्टीज आदि विकल्प मिलते हैं।

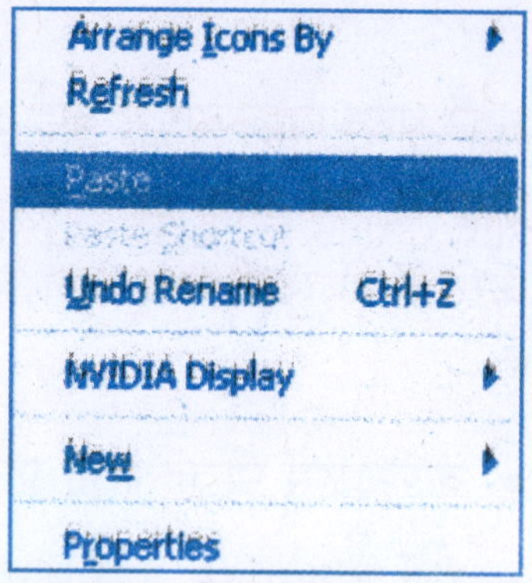

क्विक लॉञ्च बार

क्विक लॉञ्च बार में कई एप्लीकेशन के शॉर्टकट होते हैं।

विंडोज स्वत: ऐसे आइकन उपलब्ध कराता है जैसे—इंटरनेट एक्सप्लोरर, शो डेस्कटॉप इत्यादि; परंतु अलग-अलग कंप्यूटर में इनमें असमानता हो सकती है। इस बार में आइकन पर सिंगल क्लिक करने पर एप्लीकेशन चालू हो जाता है। क्विक लॉञ्च बार सदैव दिखाई नहीं देती, क्योंकि विंडोज XP द्वारा इसे अदृश्य कर दिया जाता है और आवश्यकता पड़ने पर इसे दरशा देती है।

क्विक लॉञ्च बार

सिस्टम ट्रे या नोटिफिकेशन एरिया

टॉस्क बार का अंतिम भाग 'सिस्टम ट्रे' कहलाता है। इसमें ऑपरेटिंग सिस्टम में शामिल यूटिलिटीज और नोटिफिकेशन होते हैं।

नोटिफिकेशन एरिया में एप्लीकेशन के आइकन को रखा जा सकता है, जिससे उसकी वर्तमान स्थिति को जाना जा सके। उदाहरण के लिए, प्रिंटिंग एप्लीकेशन द्वारा प्रिंटर का आइकन स्टेटस एरिया में दिखाया जा सकता है, जिससे यह पता लग सके कि प्रिंटिंग का काम चल रहा है। सिस्टम ट्रे में सामान्यत: क्लॉक और साउंड के आइकन दिखाए जाते हैं। यदि सिस्टम ट्रे में अधिक आइकंस हैं तो छुपे हुए आइकन को देखने के लिए शो/हाइड बटन का प्रयोग कर सकते हैं।

सिस्टम ट्रे

प्रोग्राम विंडोज के अंग या कंपोनेंट्स

सभी प्रोग्राम/एप्लीकेशन में एक विंडो होती है, जिसमें टाइटल बार, मेन्यू बार, टूलबार, स्टेटस बार, वर्किंग एरिया आदि रहता है। नीचे पेंट और वर्ड पैड दो प्रोग्रामों की विंडोज दिखाई गई हैं। आइए, अब प्रोग्राम विंडोज के कंपोनेंट्स का अध्ययन करें।

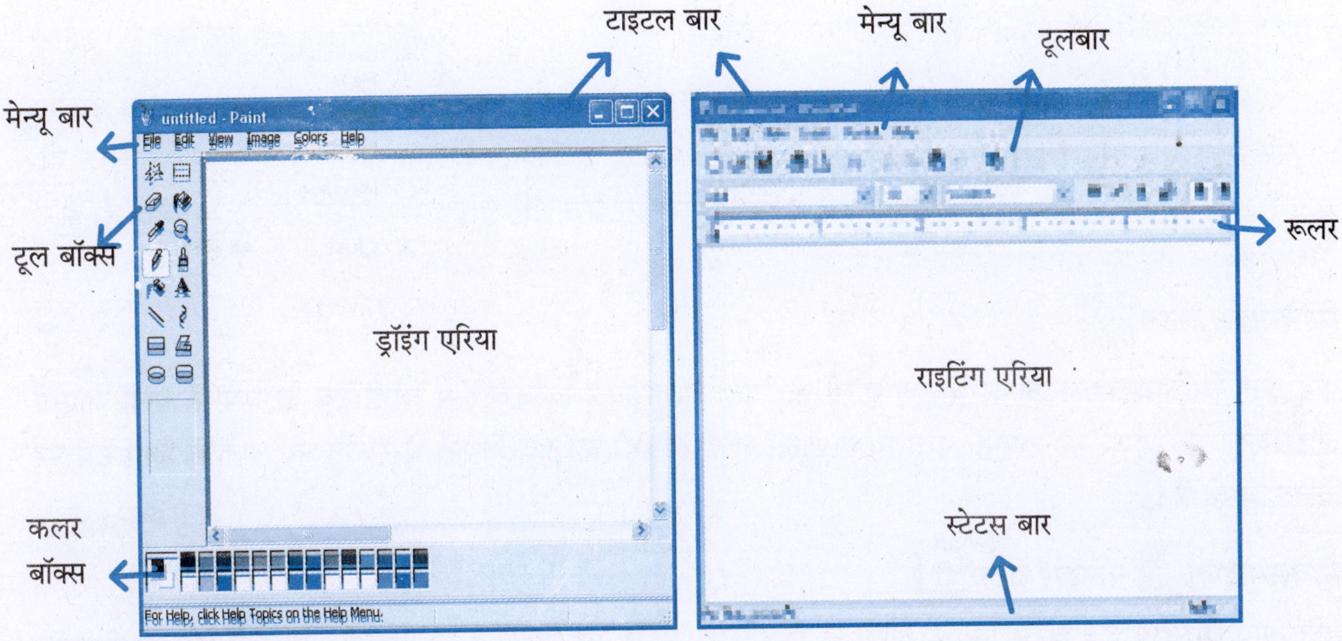

टाइटल बार

यह प्रोग्राम विंडो की पहली बार (पट्टी) है, जो खुले हुए डॉक्यूमेंट का नाम और विंडो को मिनिमाइज, मैक्सिमाइज व क्लोज (बंद) करने के बटन दिखाती है। यह एक कंट्रोल मेन्यू भी दिखाती है। आप विंडो को डेस्कटॉप के इधर-उधर ले जाने के लिए या विंडो को बंद करने के लिए टाइटिल बार का प्रयोग कर सकते हैं। जब विंडो एक्टिव होती है तो टाइटल बार रंगीन दिखाई देती है। जब स्क्रीन का कोई और भाग एक्टिव होता है तो टाइटल बार सलेटी रंग की हो जाती है।

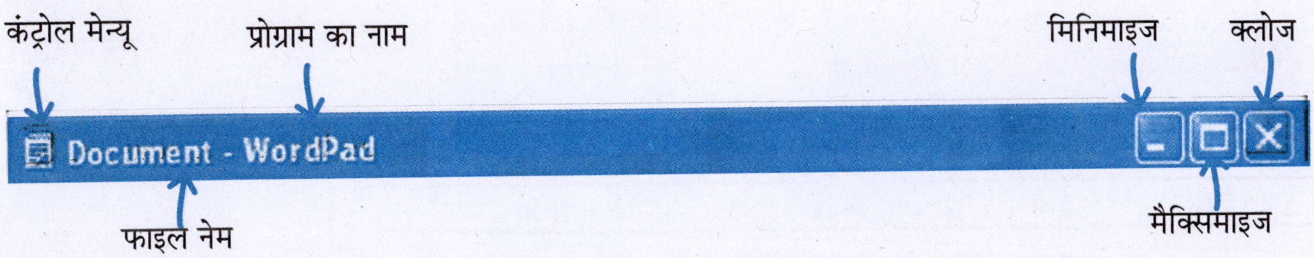

कंट्रोल मेन्यू

यह मेन्यू टाइटल बार में उपस्थित होता है और इसमें विंडो को मिनिमाइज, मैक्सिमाइज एवं क्लोज करने के विकल्प होते हैं। कंट्रोल बॉक्स की सहायता से आप कीबोर्ड द्वारा खुली हुई विंडो को नियंत्रित कर सकते हैं। कीबोर्ड से एल्टर के साथ स्पेस बार दबाकर कंट्रोल बॉक्स विकल्प को खोल सकते हैं।

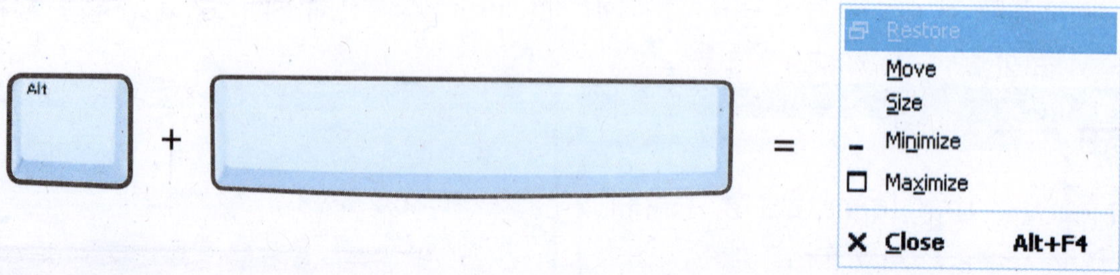

मिनिमाइज बटन

यदि आप **मिनिमाइज बटन** पर क्लिक करेंगे तो विंडो सिकुड़कर टास्कबार में विंडो टैब के रूप में चली जाएगी और स्क्रीन से अदृश्य हो जाएगी, परंतु विंडो खुली रहेगी। विंडो को पूर्व स्थिति में स्क्रीन पर लाने के लिए टैब पर क्लिक करते हैं।

मैक्सिमाइज/रीस्टोर बटन

यदि आप **मैक्सिमाइज बटन** क्लिक करेंगे तो विंडो पूरी स्क्रीन पर खुलकर आ जाएगी और उसे मूव या रीसाइज नहीं किया जा सकेगा।

यदि आप **रीस्टोर बटन** पर क्लिक करेंगे तो विंडो को रीसाइज किया जा सकता है और इसके किनारों को ड्रैग करके आवश्यकतानुसार छोटा-बड़ा किया जा सकेगा।

क्लोज बटन

क्लोज बटन पर क्लिक करके प्रोग्राम को पूरी तरह बंद किया जाता है। यदि कोई डेटा सेव नहीं किया गया है तो प्रोग्राम पहले उसे सेव करने के लिए चेतावनी देगा।

मेन्यू बार

इसमें कई प्रोग्राम मेन्यू और मेन्यू विकल्प जैसे—फाइल, एडिट, हेल्प, व्यू आदि होते हैं।

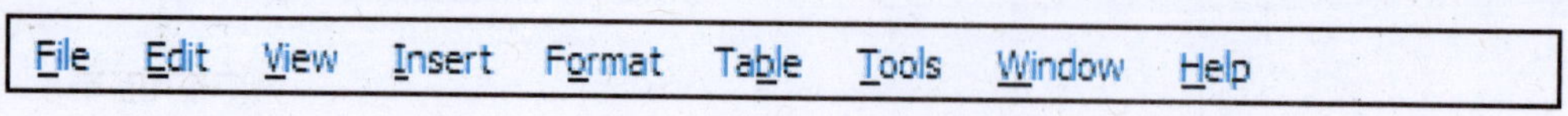

मेन्यू

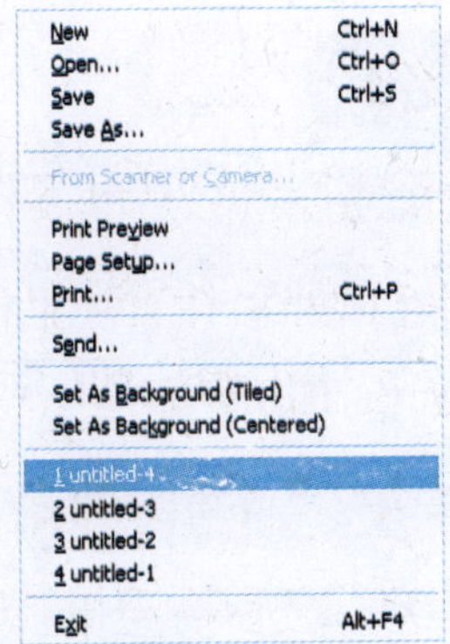

मेन्यू एक ड्रॉप डाउन बॉक्स है, जो मेन्यू बार पर मेन्यू ऑप्शंस क्लिक करने पर खुलता है। राइट क्लिक मेन्यू भी होते हैं, जो सामान्यत: माउस से राइट क्लिक करने पर खुलते हैं।

सब मेन्यू

मेन मेन्यू क्लिक करने के बाद जो मेन्यू सामने आता है, उसे सब मेन्यू कहते हैं। इसमें विभिन्न कार्यों हेतु उप-विकल्प होते हैं।

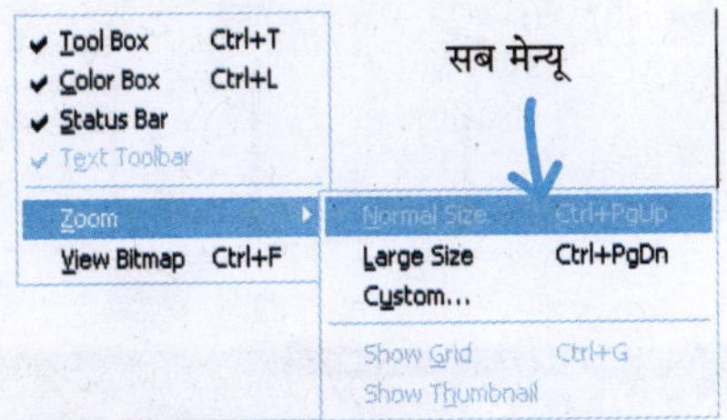

टूल बॉक्स

इसमें टूल का एक समूह दिखाई देता है, जिनका प्रयोग करके आप अपने डॉक्यूमेंट में बदलाव कर सकते हैं।

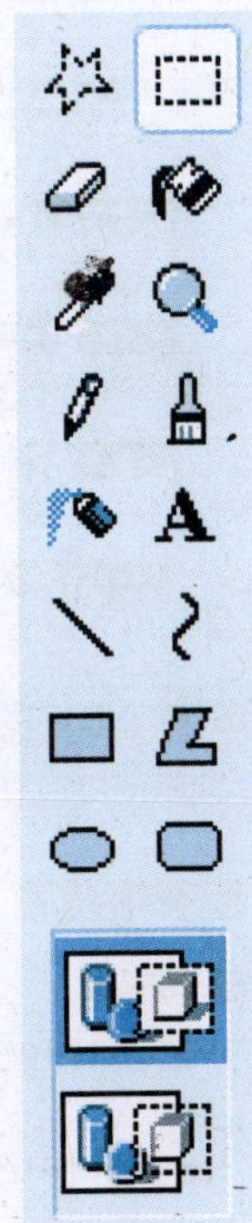

टूलबार

टूलबार स्क्रीन पर कुछ बटनों का एक समूह होता है, जिसे क्लिक करने पर प्रोग्राम के कुछ निश्चित फंक्शन खुल जाते हैं।

स्टेटस बार

यह डॉक्यूमेंट का स्टेटस या स्थिति दिखाती है।

वर्किंग एरिया

यह वह स्थान है, जहाँ आप वास्तव में काम करते हैं। उदाहरण के लिए—पेंट में, जहाँ ड्रॉइंग बनाते हैं या वर्ड पैड में, जहाँ मैटर टाइप करते हैं, वह वर्किंग एरिया कहलाता है।

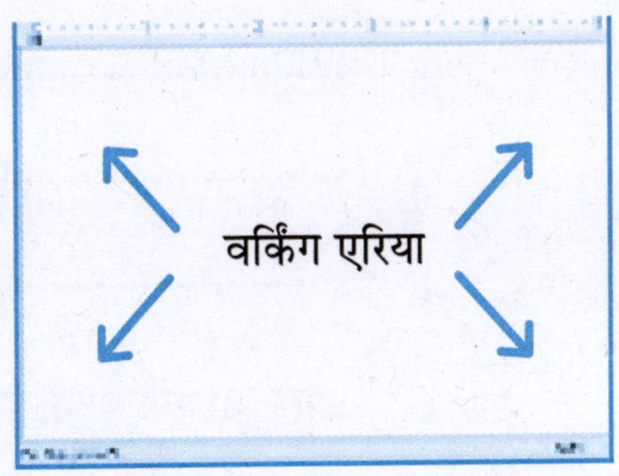

याद करें

- प्रत्येक प्रोग्राम या एप्लीकेशन की एक विंडो होती है।
- प्रोग्राम विंडो के विभिन्न भाग टाइटल बार, मेन्यू बार, स्टेटस बार आदि होते हैं।
- डेस्कटॉप में यूटिलिटीज, टूल्स और प्रोग्राम जैसे—कैलेंडर, क्लॉक, नोटपैड और अन्य सॉफ्टवेयर होते हैं।
- स्टार्ट मेन्यू में कमांड होते हैं, जो प्रोग्राम, डॉक्यूमेंट और कंप्यूटर सेटिंग खोलने में काम आते हैं।
- जब आप डेस्कटॉप पर माउस बटन से राइट क्लिक करते हैं तो वह शॉर्टकट मेन्यू खोलता है।
- माई कंप्यूटर, माई डॉक्यूमेंट और रीसाइकल बिन सिस्टम आइकन हैं।

अभ्यास

(अ) निम्न का संक्षेप में उत्तर दें—

1. सिस्टम आइकन के नाम लिखें।
2. स्टार्ट मेन्यू, प्रोग्राम और शॉर्टकट मेन्यू पर संक्षिप्त टिप्पणी लिखें।
3. विंडो के किन्हीं पाँच कंपोनेंट्स का वर्णन करें।
4. अपनी कॉपी में टास्कबार का नामांकित चित्र बनाएँ और भरें।

(ब) शब्दों की सहायता से रिक्त स्थान भरें—

माई डॉक्यूमेंट्स	रीसाइकल बिन	प्रोग्राम मेन्यू	वालपेपर
माई कंप्यूटर	शॉर्टकट मेन्यू		

1. .... कंप्यूटर पर रीस्टोर फाइलों को दिखाता है।
2. .... वह स्थान है जहाँ डिलीट होने के बाद डॉक्यूमेंट रहता है।
3. .... तब उपस्थित होता है जब डेस्कटॉप पर माउस से राइट क्लिक करते हैं।
4. .... सभी इंस्टॉल प्रोग्राम की सूची होती है।
5. .... का प्रयोग डेस्कटॉप के प्रदर्शन को बदलने के लिए किया जाता है।
6. आप अपनी सभी फाइलों को .... में सेव कर सकते हैं।

(स)सही के लिए (स) और के लिए गलत (ग) लिखिए—

1. सिस्टम ट्रे को नोटिफिकेशन एरिया भी कहते हैं। ☐
2. शो/हाइड बटन क्विक लॉञ्च बार में होता है। ☐
3. कंट्रोल मेन्यू टाइटल बार में होता है। ☐
4. ड्राइंग एरिया वर्किंग एरिया के समान ही होता है। ☐
5. डेस्कटॉप पर छोटी इमेज फाइलों, शॉर्टकट या प्रोग्राम को दरशाती हैं। ☐

(द) निम्न पर संक्षिप्त टिप्पणी लिखें—

1. प्रोग्राम मेन्यू
2. स्टार्ट मेन्यू
3. शॉर्टकट मेन्यू

शिक्षकों से

- छात्रों को कंप्यूटर प्रयोगशाला में ले जाइए और उन्हें डेस्कटॉप, आइकन, विंडो कंपोनेंट्स आदि दिखाइए तथा उनके कार्यों के बारे में समझाइए।
- छात्रों से आइकन और क्लोज बटन द्वारा एप्लीकेशन को खोलने व बंद करने को कहें।

बहुविकल्पीय प्रश्न

निम्न चार विकल्पों में से किसी एक सही विकल्प पर निशान (✓) लगाएँ।

1. विंडोज का नवीनतम वर्जन कौन सा है?

अ. विंडोज NT ब. विंडोज XP
स. विंडोज विस्टा द. विंडोज 7

2. डेस्कटॉप पर निम्न में से कौन सी चीज मिलेगी?

अ. यूटिलिटीज ब. टूल्स और प्रोग्राम
स. अन्य सॉफ्टवेयर द. उपर्युक्त सभी

3. .... डेस्कटॉप पर छोटी पिक्चरें होती हैं

अ. टूलबार ब. आइकन
स. वॉलपेपर द. टास्कबार

4. निम्न में से कौन सा सिस्टम आइकन नहीं है?

अ. रीसाइकल बिन | ब. माई डॉक्यूमेंट्स

स. माई कंप्यूटर | द. इंटरनेट एक्सप्लोरर

5. निम्न में से कौन से कंपोनेंट्स टास्कबार में होते हैं?

अ. स्टार्ट बटन | ब. सिस्टम ट्रे

स. सिस्टम क्लॉक | द. उपर्युक्त सभी

6. स्टार्ट बटन का प्रयोग होता है—

अ. स्टार्ट मेन्यू खोलने के लिए

ब. कंप्यूटर में इंस्टॉल सभी प्रोग्राम देखने के लिए

स. कंप्यूटर को टर्न ऑफ और लॉग ऑफ करने के लिए

द. उपर्युक्त सभी

7. सभी इंस्टॉल प्रोग्राम की सूची होती है—

अ. रिसेंट प्रोग्राम में | ब. प्रोग्राम मेन्यू में

स. शॉर्टकट मेन्यू में | द. डेस्कटॉप पर

8. टास्कबार का अंतिम भाग कहलाता है—

अ. सिस्टम क्लॉक | ब. सिस्टम ट्रे

स. क्विक लॉञ्च | द. स्टार्ट बटन

9. एप्लीकेशन विंडो में शामिल होता है—

अ. टाइटल बार | ब. मेन्यू बार

स. टूलबार | द. उपर्युक्त सभी

10. क्लोज, मिनिमाइज या मैक्सिमाइज और रीस्टोर बटन होते हैं—

अ. टाइटल बार पर | ब. मेन्यू बार पर

स. टूलबार पर | द. स्टेटस बार पर

11. कीबोर्ड में ऑल्ट के साथ स्पेस दबाकर खोला जाता है—

अ. शॉर्टकट मेन्यू | ब. कंट्रोल मेन्यू

स. कॉण्टेक्स्ट मेन्यू | द. मेन मेन्यू

7 अपने डेस्कटॉप पर काम करना

पिछले अध्याय में आपने डेस्कटॉप के बारे में पढ़ा। अपने डेस्कटॉप को आप अपनी पसंद के अनुसार कस्टमाइज कर सकते हैं। कस्टमाइजिंग का अर्थ है—अपनी जरूरत के अनुसार बैक ग्राउंड, वॉलपेपर, स्क्रीन सेवर आदि सेट करना।

इस अध्याय में आप डेस्कटॉप को कस्टमाइज करना सीखेंगे।

विंडोज डिसप्ले प्रॉपर्टीज

डेस्कटॉप बैक ग्राउंड (वॉलपेपर)

डेस्कटॉप पर बैक ग्राउंड में जो इमेज दिखाई देती है, उसे **वॉलपेपर** कहते हैं। आप डेस्कटॉप की सेटिंग, जैसे—वॉलपेपर, कलर आदि आगे दिए गए तरीके के अनुसार बदल सकते हैं।

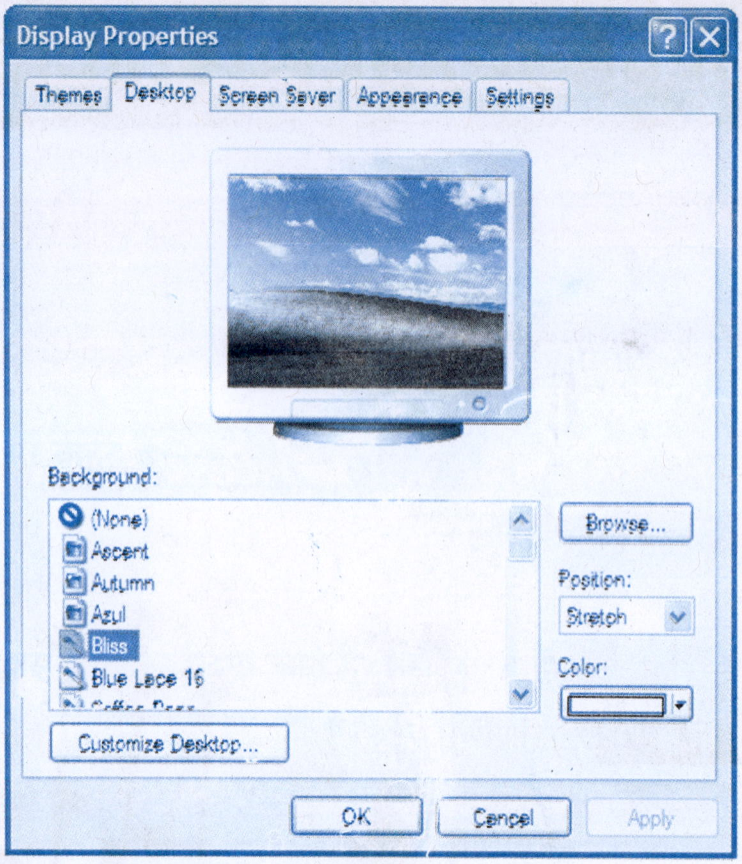

वॉलपेपर सेट करना

1. डेस्कटॉप पर राइट क्लिक करिए, शॉर्टकट मेन्यू आ जाएगा।
2. शॉर्टकट मेन्यू से Properties चुनिए। डिसप्ले प्रॉपर्टीज डायलॉग बॉक्स खुल जाएगा।
3. Desktop टैब को क्लिक करके चुनिए।
4. कंप्यूटर में उपलब्ध कोई बैकग्राउंड पिक्चर चुनिए या मनचाही पिक्चर को ब्राउस करके खोलिए।
5. Apply पर क्लिक करिए और फिर OK बटन पर क्लिक करिए।

आप बदले गए वॉलपेपर के साथ नया डेस्कटॉप देखेंगे।

स्क्रीन सेवर

जब कंप्यूटर पर लंबे समय तक काम नहीं किया जाता और वह ऑन रहता है तो एक स्क्रीन सेवर चलने लगता है। स्क्रीन सेवर स्क्रीन पर लगातार इमेजेज चलाता रहता है। स्क्रीन सेवर की सेटिंग बदलने के लिए हम निम्नलिखित स्टेप्स लेते हैं—

स्क्रीन सेवर बदलना

1. डेस्कटॉप पर राइट क्लिक करिए, एक शॉर्टकट मेन्यू खुल जाएगा।
2. शॉर्टकट मेन्यू से Properties को सिलेक्ट करिए, डिसप्ले प्रॉपर्टीज का डायलॉग बॉक्स खुल जाएगा।

3. Screen saver टैब को क्लिक करके खोलिए।

4. मनपसंद स्क्रीन सेवर चुनिए। अब Preview बटन पर क्लिक करके Preview देखिए और फिर किसी एक को चुनने का निर्णय लीजिए।

5. Apply पर क्लिक करिए, फिर OK बटन पर क्लिक करिए।

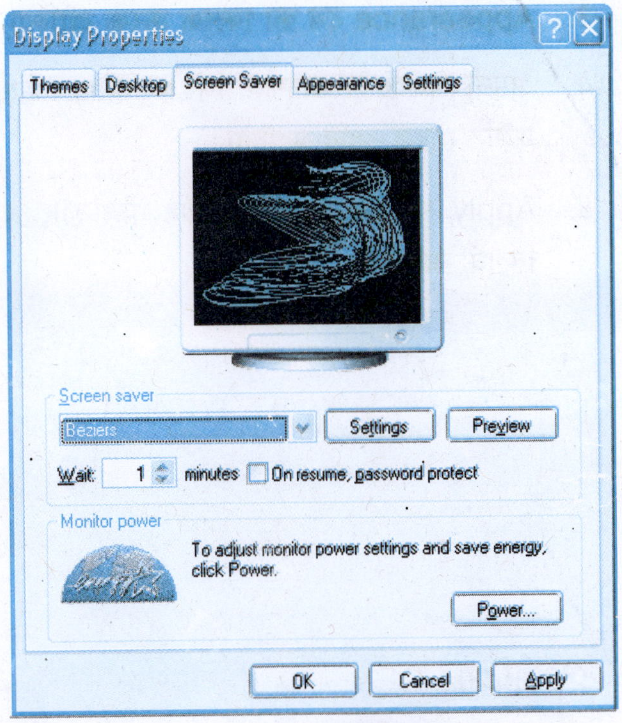

अतिरिक्त जानकारी : स्क्रीन सेवर

पहले के कंप्यूटर मॉनीटरों में इमेज दिखाने के लिए उनके अंदर फॉस्फोरस की परत चढ़ी रहती थी। यदि काफी देर तक स्क्रीन पर इमेज न बदले तो फॉस्फोरस की परत जल जाती थी। इससे बचाने के लिए स्क्रीन सेवर का विकास किया गया। आज के आधुनिकतम मॉनीटर में फॉस्फोरस कोटिंग नहीं होती। अत: आज स्क्रीन सेवर का प्रयोग केवल मनोरंजन या सुरक्षा के लिए होता है।

टिप

डेस्कटॉप पर वॉलपेपर कीं तरह आप अपनी फोटो जैसे छुट्टी के दिनों की फोटो या फैमिली फोटो आदि लगा सकते हैं।

अपियरेंस

अपियरेंस का अर्थ है कि प्रोग्राम विंडो, बटन, कलर स्क्रीन और फॉण्ट साइज आदि कैसे दिखाई देते हैं। आप प्रोग्राम विंडो को खोलने और बंद करने के लिए भी इफेक्ट्स दे सकते हैं।

डेस्कटॉप की अपियरेंस बदलना

1. डेस्कटॉप पर राइट क्लिक करिए, शॉर्टकट मेन्यू खुल जाता है।
2. शॉर्टकट मेन्यू से प्रॉपर्टीज Properties चुनिए। डिसप्ले डायलॉग बॉक्स खुल जाएगा।

3. Appearance टैब को क्लिक करके खोलिए।
4. अपनी पसंद के अनुसार विंडोज बटन, कलर और फॉण्ट साइज आदि बदलिए।
5. Apply पर क्लिक करिए और फिर OK बटन पर क्लिक करिए।

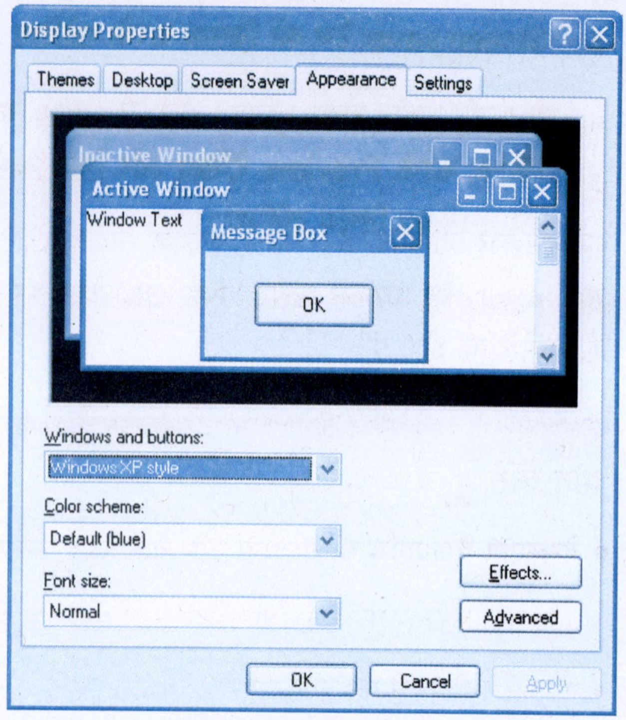

टैब सेटिंग

डिसप्ले प्रॉपर्टीज विंडो में सेटिंग टैब को स्क्रीन रिजॉल्यूशन और कलर क्वालिटी बदलने के लिए प्रयोग करते हैं। स्क्रीन रिजॉल्यूशन को पिक्सेल में मापते हैं और कलर क्वालिटी को बिट्स में मापते हैं। उदाहरण के लिए, स्क्रीन रिजॉल्यूशन 1024 पिक्सेल और कलर क्वालिटी 32 बिट्स हो सकते हैं।

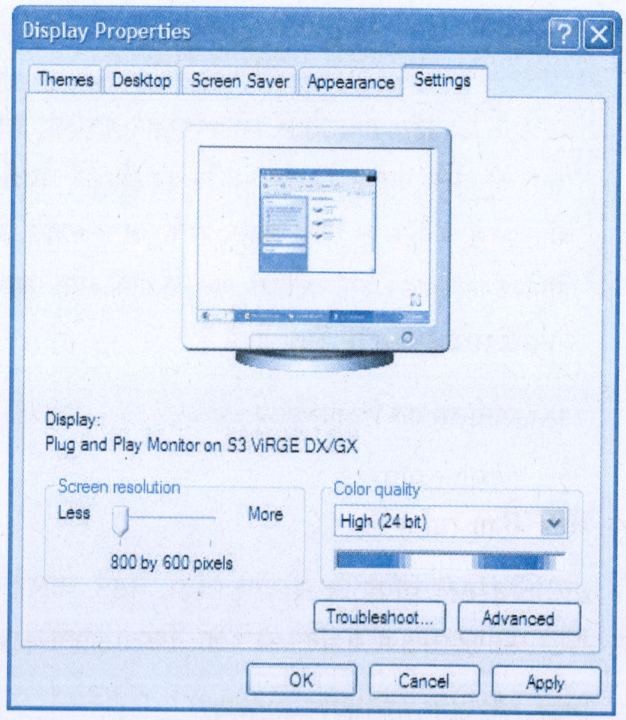

डेस्कटॉप का आकार बदलना

1. डेस्कटॉप पर राइट क्लिक करिए। डेस्कटॉप प्रॉपर्टीज डायलॉग बॉक्स खुल जाएगा।
2. शॉर्टकट मेन्यू से Properties चुनिए। डिसप्ले प्रॉपर्टीज डायलॉग बॉक्स खुल जाएगा।
3. Settings टैब को क्लिक करके खोलिए।
4. अपनी पसंद के अनुसार स्क्रीन रिजॉल्यूलेशन और कलर क्वालिटी सिलेक्ट करिए।
5. Apply पर क्लिक करिए और फिर OK बटन दबाएँ।

अतिरिक्त जानकारी : पिक्सेल

मॉनीटर स्क्रीन को लाखों छोटे-छोटे चौकोर बिंदुओं में पंक्तियों और खानों में बाँटा जाता है। ये चौकोर बिंदु पिक्सेल कहलाते हैं। पिक्सेल का पूरा नाम पिक्चर एलिमेंट है। सबसे अधिक चलनेवाला मॉनीटर रिजॉल्यूशंस 800 × 600 और 1024 × 768 होता है। 800 × 600 का अर्थ है कि मॉनीटर में पिक्सेल की 800 पंक्तियाँ और 600 खाने होंगे।

चेतावनी

ध्यान रखें कि गलत सेटिंग न करें, अन्यथा आँखों को नुकसान पहुँच सकता है।

याद करें

- डेस्कटॉप बैकग्राउंड में वॉलपेपर और बैकग्राउंड कलर आदि बदलने की सुविधा होती है।
- आज स्क्रीन सेवर का प्रयोग मनोरंजन और सुरक्षा के लिए किया जाता है।
- एपिअरेंस विकल्प का प्रयोग प्रोग्राम विंडोज, बटन, कलर स्कीम और फॉण्ट साइज बदलने के लिए किया जाता है।
- स्क्रीन रिजॉल्यूशन को पिक्सेल में मापते हैं और कलर क्वालिटी को बिट्स में।

अभ्यास

(अ) शब्दों की सहायता से रिक्त स्थान भरें—

अपियरेंस　　पिक्सेल　　डेस्कटॉप　　सेटिंग टैब

1. मॉनीटर का रिजॉल्यूशन .... में नापा जाता है।
2. डिसप्ले प्रॉपर्टीज में .... का प्रयोग स्क्रीन रिजॉल्यूशन और रंग की क्वालिटी बदलने के लिए किया जाता है।
3. डिसप्ले प्रॉपर्टीज में .... का प्रयोग विंडोज के प्रभाव और बटन, कलर स्कीम और फॉण्ट साइज बदलने के लिए किया जाता है।
4. वॉलपेपर डिसप्ले प्रॉपर्टीज में .... टैब द्वारा बदला जाता है।

(ब) निम्न पर संक्षिप्त टिप्पणी लिखें—

1. स्क्रीन सेवर　　　　2. वॉलपेपर

(स) प्रैक्टिकल

डिसप्ले प्रॉपर्टीज विंडोज खोलिए और वॉलपेपर, स्क्रीन सेवर, एक्सप्लोर पोजीशन जैसे—स्ट्रेच, सेंटर और फाइल आदि बदलिए।

शिक्षकों से

- छात्रों को प्रायोगिक कक्ष में ले जाइए और वॉलपेपर व स्क्रीन सेवर बदलने के बारे में समझाइए तथा प्रयोग की सहायता से वॉलपेपर और स्क्रीन सेवर में अंतर समझाइए।
- डिसप्ले प्रॉपर्टीज विंडोज की सभी टैब के कार्यों के बारे में समझाइए।

बहुविकल्पीय प्रश्न

निम्न चार विकल्पों में से किसी एक सही विकल्प पर निशान (✓) लगाएँ।

1. डिसप्ले प्रॉपर्टीज से आप को बदल सकते हैं—

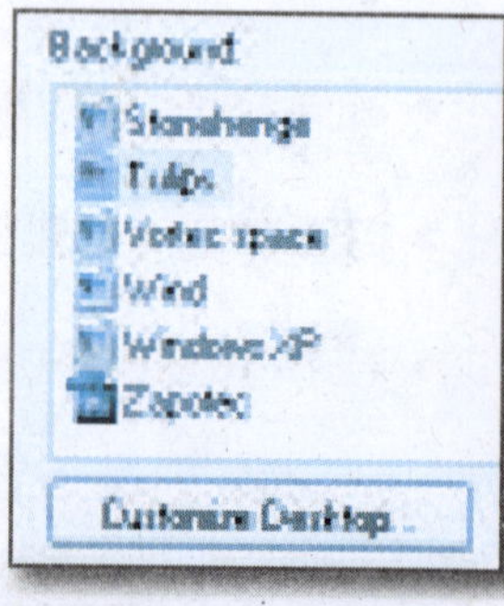

अ. थीम्स

ब. डेस्कटॉप वॉलपेपर और स्क्रीन सेवर

स. अपियरेंस और सेटिंग

द. उपर्युक्त सभी

2. यह इमेज डेस्कटॉप प्रॉपर्टीज की किस टैब में दिखाई जाती है?

अ. थीम्स   ब. बैकग्राउंड

स. सेटिंग   द. स्क्रीन सेवर

3. यह इमेज डेस्कटॉप प्रॉपर्टीज की किस टैब में दिखाई जाती है?

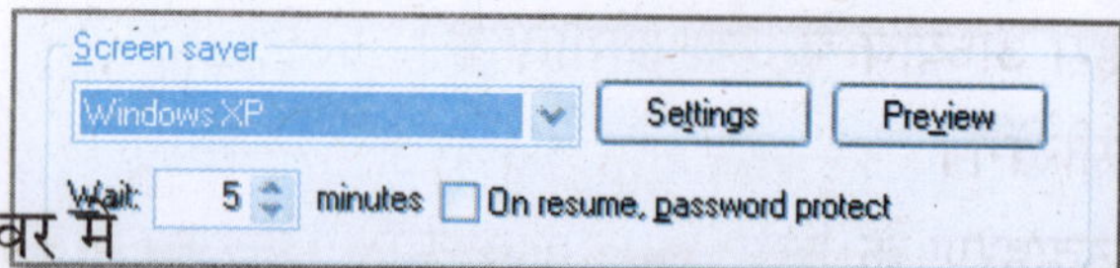

अ. थीम्स में

ब. बैकग्राउंड में

स. सेटिंग में   द. स्क्रीन सेवर में

4. यह इमेज डेस्कटॉप प्रॉपर्टीज की किस टैब में दिखाई जाती है?

अ. थीम्स में   ब. बैकग्राउंड में

स. सेटिंग में   द. स्क्रीन सेवर में

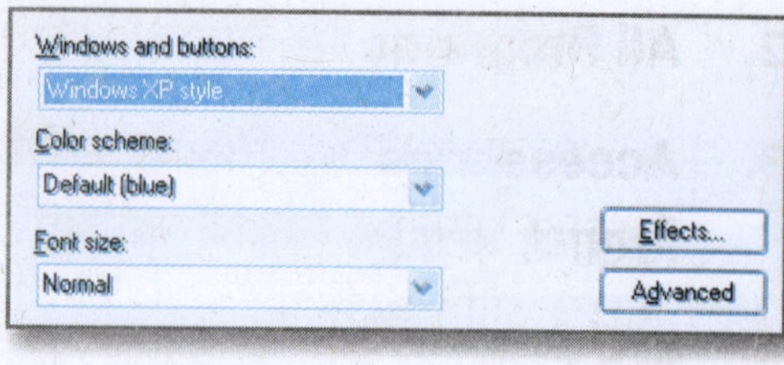

8 प्रोग्राम को खोलना और बंद करना

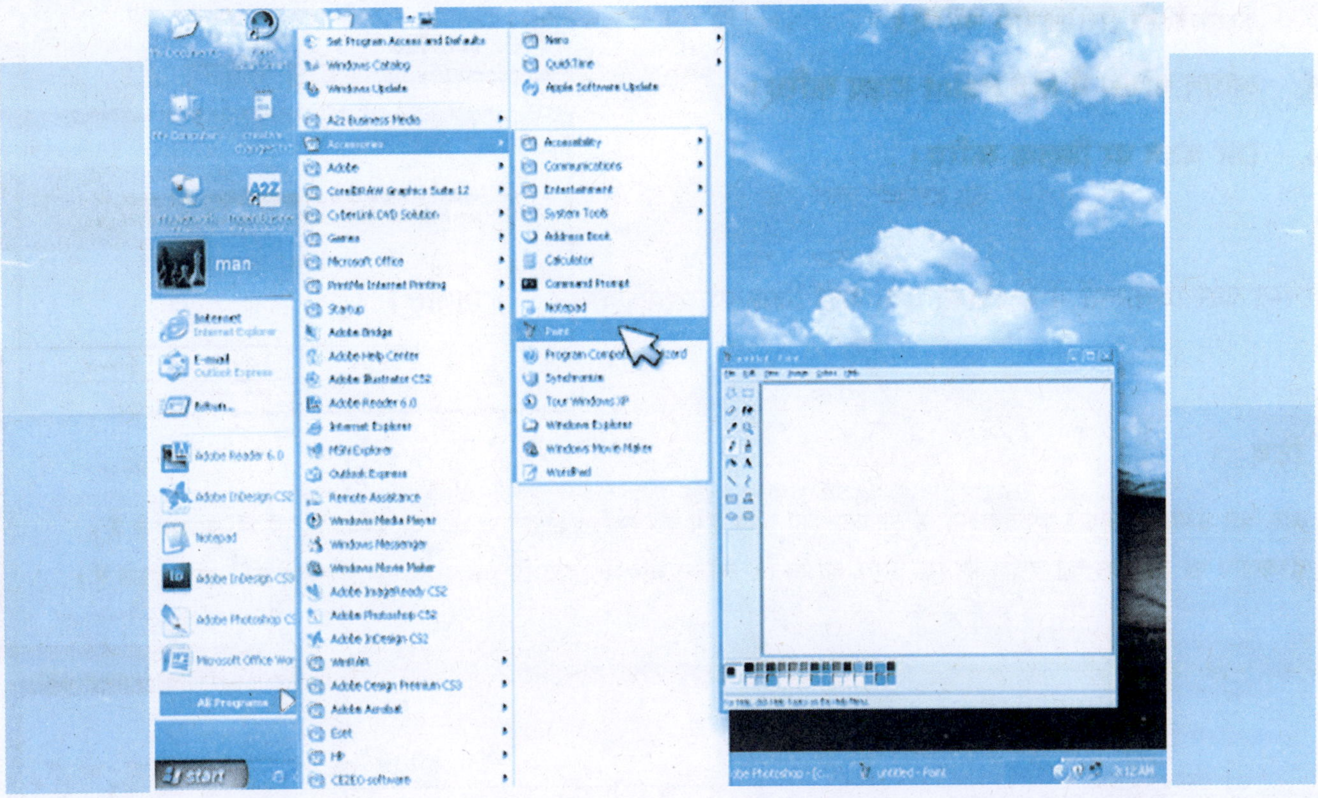

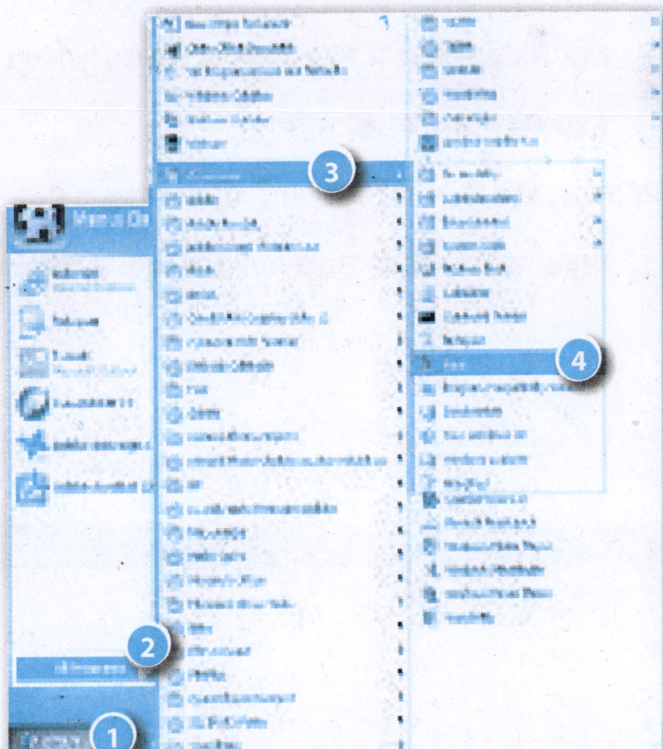

इस अध्याय में आप प्रोग्राम को खोलना और बंद करना सीखेंगे।

उदाहरण के लिए, हम माइक्रोसॉफ्ट पेंट को लेते हैं।

माइक्रोसॉफ्ट पेंट खोलना

1. **Start बटन पर क्लिक करिए।**
2. **All Programs पर क्लिक करिए।**
3. **Accessories पर क्लिक करिए, जैसा कि दिखाया गया है।**
4. **MS Paint पर क्लिक करिए। MS Paint की**

ओपनिंग स्क्रीन खुल जाती है।

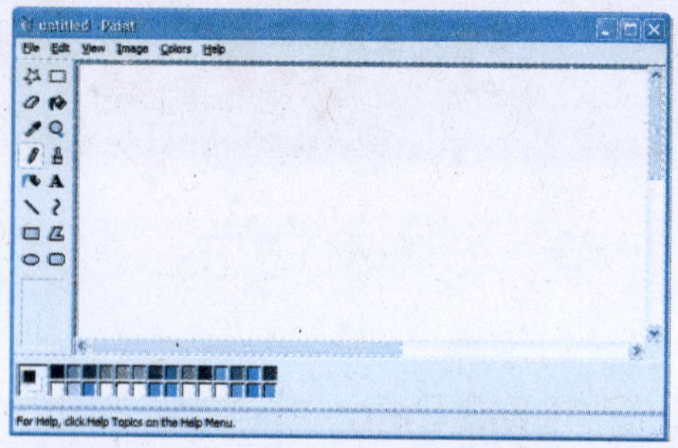

वैकल्पिक रूप से आप निम्न कार्य भी कर सकते हैं—

1. Start बटन पर क्लिक करिए।
2. Run बटन पर क्लिक करिए।
3. ओपन बॉक्स में MS Paint टाइप करिए।
4. OK बटन पर क्लिक करिए।

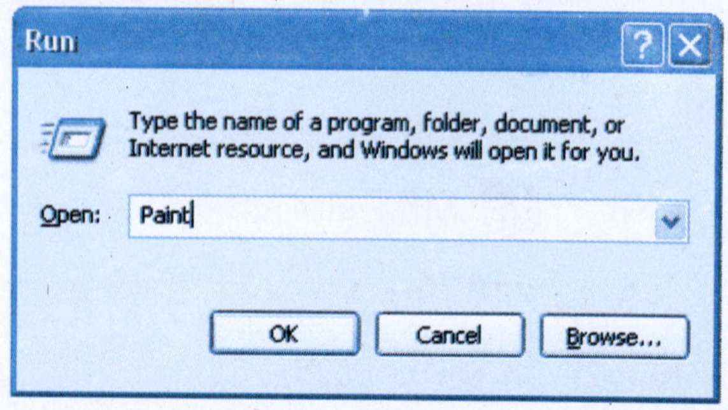

टिप

बार-बार प्रयोग होनेवाले एप्लीकेशन के आइकन को आप ड्रैग करके क्विक लॉञ्च बार या डेस्कटॉप पर ले जा सकते हैं। डेस्कटॉप पर आइकन को डबल क्लिक करके या क्विक लॉञ्च बार में लेफ्ट क्लिक करके एप्लीकेशन को खोल सकते हैं।

माइक्रोसॉफ्ट पेंट बंद करना

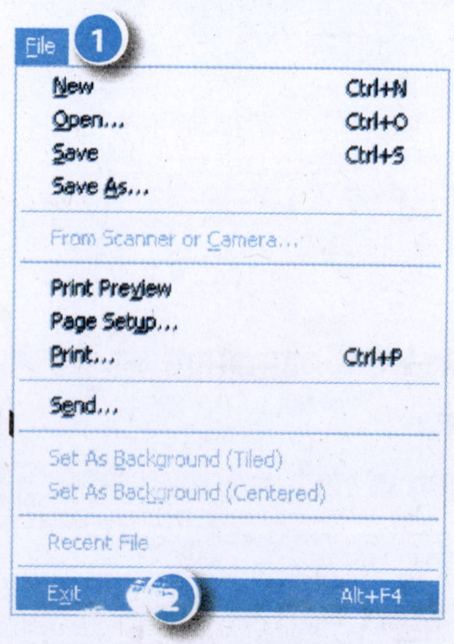

1. MS Paint विंडो में File मेन्यू पर क्लिक करिए।
2. Exit बटन पर क्लिक करिए।

वैकल्पिक रूप से आप निम्न कार्य भी कर सकते हैं—

1. माइक्रोसॉफ्ट पेंट के टाइटल बार में क्लोज बटन पर क्लिक करिए।

अभ्यास

(अ) माइक्रोसॉफ्ट पेंट खोलने के स्टेप्स का सही क्रम लिखें। स्टेप्स को अ ब स द के क्रम में रखें।

1. .... MS Paint पर क्लिक करिए।
2. .... Start बटन पर क्लिक करिए।
3. .... Accessories पर क्लिक करिए।
4. .... All Programs पर क्लिक करिए।

(ब) वैकल्पिक रूप से माइक्रोसॉफ्ट पेंट खोलने का सही क्रम क्या है?

1. .... MS Paint टाइप करिए
2. .... Enter की दबाइए
3. .... Start बटन पर क्लिक करिए
4. .... Run बटन पर क्लिक करिए

बहुविकल्पीय प्रश्न

निम्न चार विकल्पों में से किसी एक सही विकल्प पर निशान (✓) लगाएँ।

1. विंडोज एप्लीकेशन बंद करने के लिए आप कौन से बटन पर क्लिक करेंगे?

अ.  मैक्सिमाइज बटन

ब.  रीस्टोर बटन

स.  मिनिमाइज बटन

द.  क्लोज बटन

2. माइक्रोसॉफ्ट पेंट प्रोग्राम को आप कैसे खोलेंगे?

अ. Start > All Programs > Accessories > Paint

ब. Start > All Programs > Games > Notepad

स. Start > Run > "Painting" > Enter

द. Start > All Programs > Accessories > Painter

9 पेंट का परिचय

इस अध्याय में आप एप्लीकेशन को खोलना और बंद करना सीखेंगे।

आइए, अब पेंट को खोलना और प्रयोग करना सीखें।

पेंट क्या है?

पेंट एक ड्रॉइंग एप्लीकेशन टूल है, जिसे आप साधारण ड्रॉइंग बनाने के लिए प्रयोग कर सकते हैं। ये ड्रॉइंग ब्लैक एंड व्हाइट या कलर हो सकती हैं और इन्हें बिट मैप (.bmp) फाइल के रूप में सेव किया जा सकता है। आप अपनी ड्रॉइंग को प्रिंट कर सकते हैं, डेस्कटॉप बैकग्राउंड के रूप में प्रयोग कर सकते हैं या किसी दूसरे डॉक्यूमेंट में लगा सकते हैं। आप पेंट को

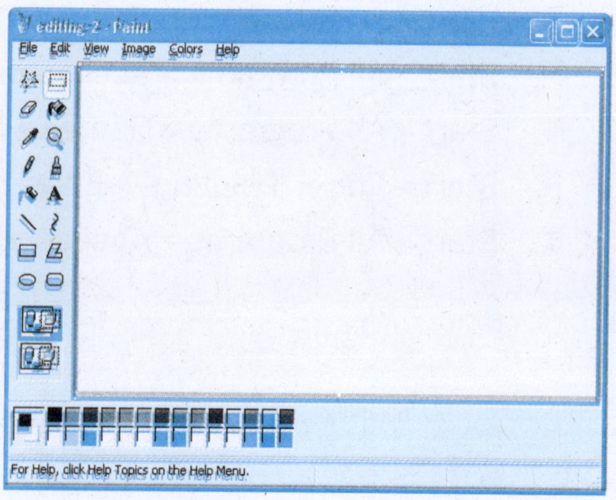

स्केन किए गए फोटो को देखने और एडिट करने के लिए भी प्रयोग कर सकते हैं।

ड्रॉइंग एरिया

ड्रॉइंग एरिया

ड्रॉइंग एरिया पेंट का वह भाग है, जहाँ आप वास्तव में चित्र बनाते हैं। यह स्थान पेंट के टूल बॉक्स से विभिन्न टूल्स से चित्र बनाने के लिए प्रयोग किया जाता है।

टूल (टूल बॉक्स)

माइक्रोसॉफ्ट पेंट में ड्रॉइंग बनाने, उसे एडिट करने, रंग भरने आदि के लिए **16 टूल** (उपकरण) होते हैं। आप टूल बॉक्स में सही बटन पर क्लिक करके एक से दूसरे टूल को चुन सकते हैं। टूल बॉक्स पेंट विंडो के बाईं ओर होता है।

जब आप किसी टूल को चुनते हैं तो टूल बॉक्स के निचले भाग में अतिरिक्त विकल्प या सेटिंग दिखाई जाती है।

अब हम टूल बॉक्स में मौजूद टूल्स के बारे में जानेंगे।

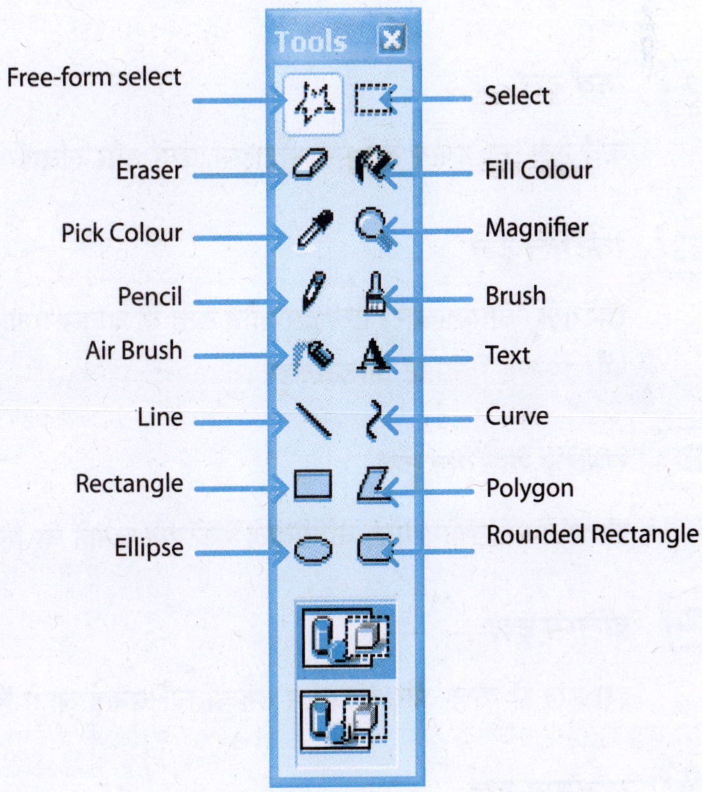

ड्रॉइंग टूल

माइक्रोसॉफ्ट पेंट में ड्रॉइंग टूल्स पेंट में पेंसिल, ब्रश और शेप की सहायता से ड्रॉइंग बनाने में मदद करते हैं।

पेंसिल टूल

पेंसिल टूल आपका मुख्य ड्रॉइंग टूल है। आप विभिन्न रंगों में ड्रॉइंग बना सकते हैं, लेकिन इसके अतिरिक्त कुछ नहीं कर सकते हैं।

पेंट ब्रश टूल

पेंट ब्रश टूल पेंसिल टूल के समान ही होता है, लेकिन इसे वर्गाकार, गोल और तिरछे आकार के छोटे व बड़े ब्रशों में बदल सकते हैं।

स्ट्रेट लाइन टूल

स्ट्रेट लाइन टूल का प्रयोग विभिन्न मोटाइयों, रंगों और लंबाइयों की सीधी रेखाएँ खींचने के लिए किया जाता है।

कर्व टूल

कर्व टूल का प्रयोग विभिन्न मोटाइयों, रंगों और लंबाइयों की वक्र रेखाएँ बनाने के लिए किया जाता है।

रेक्टेंगल टूल

रेक्टेंगल (आयताकार) टूल द्वारा तीन तरह के बॉक्स बनाए जाते हैं—आउटलाइनवाले, फिल्ड विद आउटलाइन और फिल्ड विदाउट आउटलाइन।

राउंडेड रेक्टेंगल टूल

इस टूल का प्रयोग गोल कोनोंवाले रेक्टेंगल बनाने के लिए किया जाता है।

इलिप्स टूल

इस टूल से गोल और अंडाकार आकृतियाँ बनाई जाती हैं।

पॉलीगन टूल

इस टूल का प्रयोग विभिन्न भुजाओंवाली आकृतियाँ, जैसे—स्टार, बॉक्स आदि बनाने के लिए होता है।

कलरिंग टूल्स

कलरिंग टूल्स ड्रॉइंग में रंग भरने के लिए इस्तेमाल किए जाते हैं।

फिल कलर टूल

फिल कलर टूल इमेज के बड़े भाग में रंग भरते हैं।

पिक कलर (आई ड्रॉपर) टूल

पिक कलर टूल का केवल एक फंक्शन होता है, लेकिन यह बहुत काम का है। आई ड्रॉपर का प्रयोग करके आप पहले से बनी इमेज से कोई रंग चुन सकते हैं।

एयर ब्रश टूल

एयर ब्रश टूल साधारण पेंट ब्रश से भिन्न होता है। यह इमेज पर एक समान रंग भरने के बजाय फुहार के रूप में रंग भरता है।

सिलेक्शन टूल्स

इस टूल का प्रयोग उस इमेज के भाग को चुनने के लिए करते हैं, जिसमें आप काम कर रहे हैं। यह चुना गया भाग ड्रॉइंग के दूसरे भाग को बिना प्रभावित किए घुमाया, कापी या एडिट किया जा सकता है।

फ्री फॉर्म सिलेक्ट और सिलेक्शन टूल

फ्री फॉर्म सिलेक्ट टूल का प्रयोग ड्रॉइंग के भाग को किसी भी आकार में सिलेक्ट करने के लिए किया जाता है।

सिलेक्शन टूल का प्रयोग पूरी ड्रॉइंग या उसके किसी भाग को वर्गाकार या बॉक्स के रूप में सिलेक्ट करने के लिए होता है।

एडिटिंग टूल्स

एडिटिंग टूल का प्रयोग ड्रॉइंग के अनचाहे भाग को मिटाने के लिए करते हैं। एडिटिंग के समय आप ड्रॉइंग के किसी छोटे भाग को बड़ा करके (जूम करके) देख सकते हैं।

इरेजर टूल

इरेजर टूल प्रयोग करना बहुत आसान है। इसे चुनने के लिए इस पर क्लिक करते हैं और फिर इमेज के उस भाग पर क्लिक करते हैं, जिसे मिटाना है।

मैग्नीफायर (जूम) टूल

मैग्नीफायर या जूम टूल का प्रयोग ड्रॉइंग के किसी भाग को बहुत बारीकी से और नजदीक से देखने के लिए दिया जाता है। जब आप मैग्नीफायर ग्लास टूल को एक्टिवेट करते हैं तो उसमें 1x, 2x, 6x और 8x में से किसी एक प्रकार के मैग्नीफिकेशन को चुनने की सुविधा मिलती है। यानी आप इमेज को इतने गुना बड़ा करके देख सकते हैं।

टेक्स्ट टूल

ड्रॉइंग में विभिन्न फॉण्ट, साइज और रंग से कैप्शन, टाइटल, लेबल आदि लिखने के लिए टेक्स्ट टूल का प्रयोग किया जाता है।

टेक्स्ट टूल

टेक्स्ट टूल का प्रयोग इमेज में किसी स्थान पर जाकर टेक्स्ट लिखने के लिए किया जाता है।

कलर बॉक्स

कलर बॉक्स का प्रयोग इमेज में पीछे और सामने के रंग भरने के लिए किया जाता है।

कलर बॉक्स

मेन्यू बार

माइक्रोसॉफ्ट पेंट मेन्यू बार में कई जरूरी कमांड होते हैं, जिनका प्रयोग ड्रॉइंग में किया जाता है। पेंट विंडो में मेन्यू टाइटल बार के नीचे होते हैं। पेंट विंडो में 6 मेन्यू होते हैं। मेन्यू को चुनने के लिए उसके हेडिंग पर क्लिक करते हैं और फिर उसके अंदर के मेन्यू खुल जाते हैं।

फाइल मेन्यू

फाइल मेन्यू का प्रयोग चित्र या फाइल को बनाने, खोलने और सेव करने के लिए होता है। फाइल मेन्यू का प्रयोग पेंट प्रोग्राम को बंद करने के लिए भी होता है।

एडिट मेन्यू

एडिट मेन्यू का प्रयोग इमेज में कट, कॉपी, पेस्ट, रिपीट (दोहराना) और अनडू (मिटाना) जैसे कार्यों के लिए किया जाता है।

व्यू मेन्यू

व्यू मेन्यू से आप टूल बॉक्स, कलर बॉक्स या स्टेटस बार को खोलने व बंद करने का काम कर सकते हैं। यहाँ से आप जूम सेट कर सकते हैं और इमेज को पूरे आकार में देखने के लिए व्यू बिटमैप चुन सकते हैं।

इमेज मेन्यू

इमेज मेन्यू में फ्लिप, रोटेड/ स्ट्रेच, स्क्यू, इनवर्ट/ कलर्स, इमेज एट्रीब्यूट, क्लियर इमेज और ड्रॉ ओपेक्यू के विकल्प शामिल हैं।

कलर्स मेन्यू

कलर्स मेन्यू से यूजर कलर एडिट या बदल सकता है। एडिट कलर डायलॉग बॉक्स में 48 कलर की रंग पट्टी और 12 कस्टम कलर होते हैं, जिन्हें एडिट किया जा सकता है।

हेल्प मेन्यू

माइक्रोसॉफ्ट पेंट में हेल्प मेन्यू के दो भाग होते हैं। एबाउट पेंट में कॉपीराइट और लाइसेंस की सूचना होती है। दूसरी तरफ हेल्प टॉपिक में पेंट की हेल्प विंडो दिखाई जाती है।

याद करें

- पेंट एक ड्रॉइंग टूल है, जिसका प्रयोग नई ड्रॉइंग बनाने और इमेज एडिट करने के लिए किया जाता है। पेंट की ड्रॉइंग बिट मैप (.bmp) फाइल के रूप में सेव की जाती है।

अभ्यास

(अ) पेंट के निम्नलिखित टूल्स के प्रयोग समझाइए—

1. ड्रॉइंग टूल्स
2. सिलेक्शन टूल्स
2. एडिटिंग टूल्स
4. टेक्स्ट टूल्स

(ब) शब्दों की सहायता से रिक्त स्थान भरिए—

सिलेक्शन	टेक्स्ट टूल्स	फ्री फोर्म सिलेक्ट	मेन्यू बार	पेंसिल

1. .... टूल आपका प्रमुख ड्रॉइंग टूल है।
2. .... का प्रयोग इमेज में किसी भी स्थान पर जाकर टेक्स्ट लिखने के लिए किया जाता है।
3. .... और .... टूल्स उस इमेज के भाग को सिलेक्ट करने के लिए इस्तेमाल होते हैं जिस पर आप काम कर रहे हैं।
4. पेंट प्रोग्राम में .... से आप बहुत सारे जरूरी कमांड चला सकते हैं।

(स) सही के लिए (स) और गलत के लिए (ग) लिखिए—

1. एडिट मेन्यू का प्रयोग हम फाइल को बनाने, खोलने और सेव करने के लिए करते हैं। ☐
2. व्यू मेन्यू से आप टूल बॉक्स, कलर बॉक्स या स्टेटस बार को खोल या बंद कर सकते हैं। ☐
3. फाइल मेन्यू का प्रयोग इमेज को कट, कॉपी, पेस्ट, रिपीट और अनडू करने के लिए करते हैं। ☐
4. कलर्स मेन्यू यूजर को कलर एडिट करने की सुविधा देते हैं। ☐

(द) प्रैक्टिकल

1. MS Paint प्रोग्राम को खोलिए और बंद करिए।
2. पेंट प्रोग्राम में टूल बॉक्स, मेन्यू बार, कलर बॉक्स का निरीक्षण करिए और इस पाठ में बताए गए टूल्स की सहायता से ड्रॉइंग बनाइए।

शिक्षकों से

- छात्रों को प्रैक्टिकल द्वारा सभी टूल समझाइए।
- साधारण ड्रॉइंग बनाकर उसमें विभिन्न टूल से काम करने के लिए कहें।

बहुविकल्पीय प्रश्न

निम्न चार विकल्पों में से किसी एक सही विकल्प पर निशान (✓) लगाएँ।

1. पेंट फाइल को निम्न में से किस रूप में सेव करते हैं?

अ. डॉक्यूमेंट   ब. शीट

स. बिटमैप   द. इनमें से कोई नहीं

2. माइक्रोसॉफ्ट पेंट में कुल टूल्स होते हैं—

अ. 11 टूल्स   ब. 14 टूल्स

स. 16 टूल्स   द. इनमें से कोई नहीं

3. निम्न में से कौन सा ड्रॉइंग टूल है?

अ. पेंसिल टूल    ब. पेंट ब्रश टूल 

स. स्ट्रेट लाइन टूल    द. उपर्युक्त सभी

4. निम्न में से कौन सा टूल क्लोज शेप में रंग भरने के लिए इस्तेमाल होता है?

अ. फिल कलर टूल    ब. पिक कलर (आई ड्रॉपर) टूल 

स. एयरब्रश टूल    द. पेंटब्रश टूल 

5. निम्न में से किसे ड्रॉइंग के मनचाहे आकार को सिलेक्ट करने के लिए प्रयोग करते हैं?

अ. फ्री फॉर्म टूल    ब. सिलेक्शन टूल 

स. अ और ब दोनों   द. पॉलीगन टूल 

6. विंडो में मेन्यू बार.................................के नीचे होती है।

अ. टाइटल बार   ब. टूलबार

स. स्टेटस बार   द. स्क्रॉल बार

7. सीधी रेखा बनाने के लिए आप कौन सा टूल इस्तेमाल करेंगे?

अ.    स. 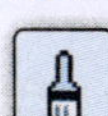

ब.    द. 

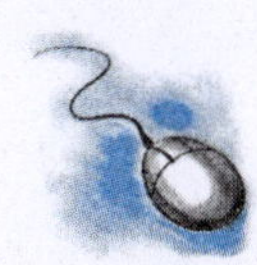

10 पेंट में ड्रॉइंग (आई-कार्ड)

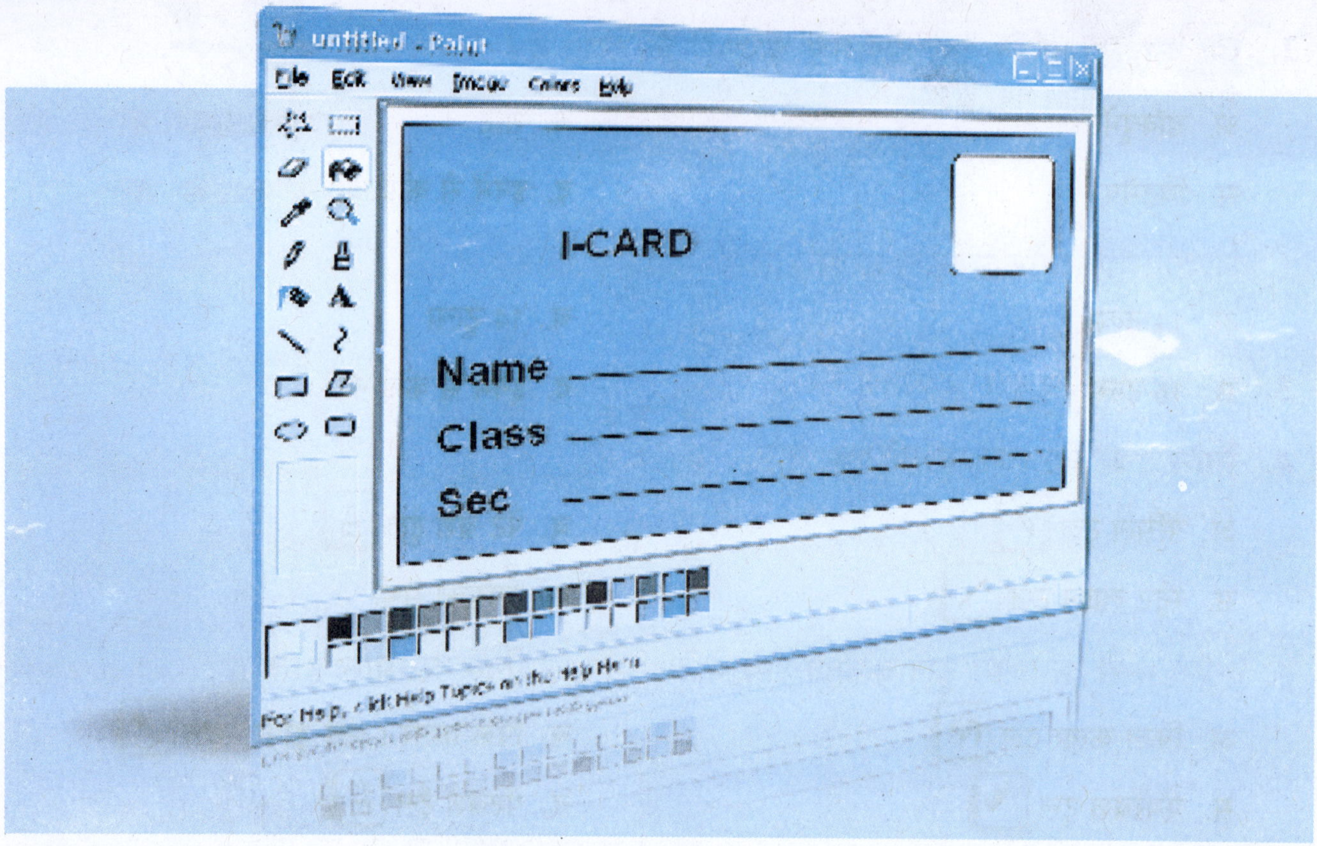

इस अध्याय में हम पिछले अध्याय में बताए गए टूल्स का प्रयोग करके आई कार्ड बनाएँगे। हम यह मानकर चलते हैं कि आप पहली बार कंप्यूटर पर काम कर रहे हैं। अतः धीरे-धीरे काम करें। प्रत्येक स्टेप में सावधानी रखें। शुरू में आपको माउस नियंत्रित करने में कठिनाई आएगी। कभी-कभी आपका हाथ फिसलेगा और लाइनें टूटेंगी, लेकिन कोई बात नहीं। जल्दी ही सबकुछ ठीक हो जाएगा। याद रखें कि **अभ्यास ही मनुष्य को परिपक्व बनाता है।**

कार्यकलाप 1 : आई-कार्ड बनाना

यदि आप एक-एक स्टेप को सावधानी से करेंगे तो अंत में कुछ इस प्रकार की चीज पाएँगे।

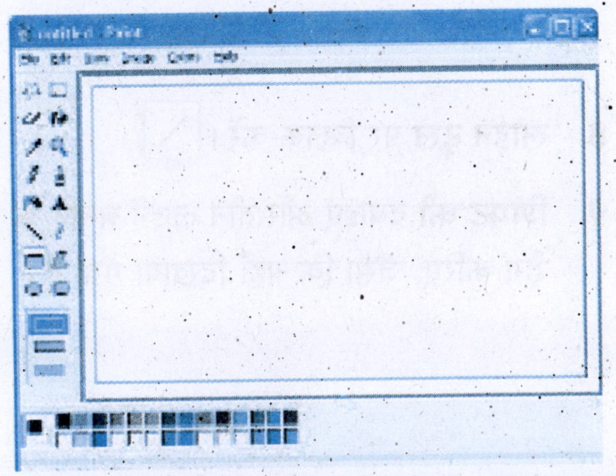

1. **रेक्टेंगल टूल** पर क्लिक करें।
2. **रेक्टेंगल टूल** को क्लिक करके वर्क एरिया में ड्रैग करें, जैसा कि दिखाया गया है।

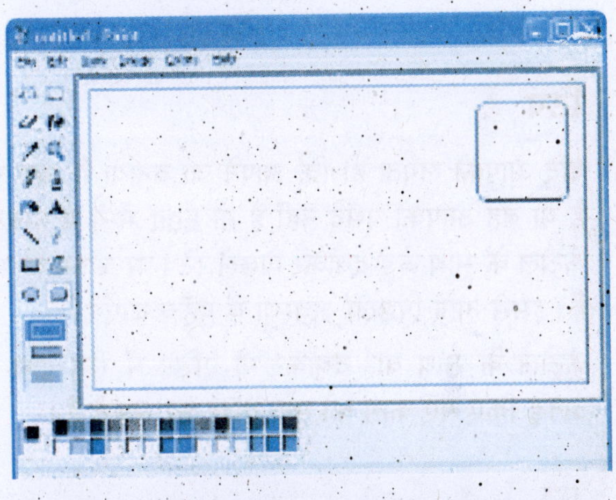

3. **राउंडेड रेक्टेंगल टूल** पर क्लिक करें।
4. रेक्टेंगल के अंदर राउंडेड रेक्टेंगल बनाएँ, जैसा कि यहाँ दिखाया गया है।

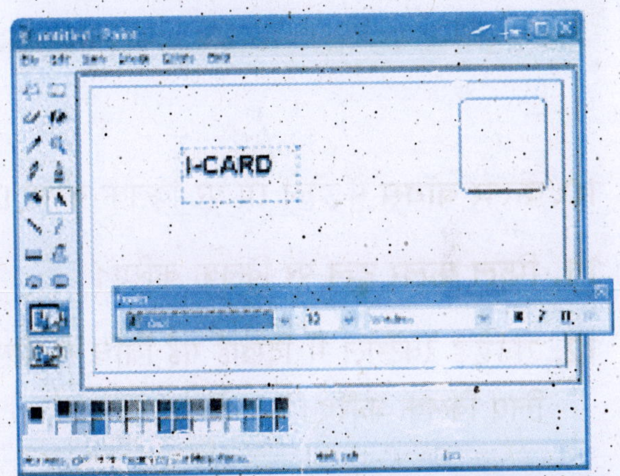

5. **टेक्स्ट टूल** पर क्लिक करें।
6. बड़ेवाले रेक्टेंगल में क्लिक करें। आप एक बिंदुवाला आयताकार फ्रेम देखेंगे, जिसमें कर्सर चमकता है। अब I-CARD टाइप करें।

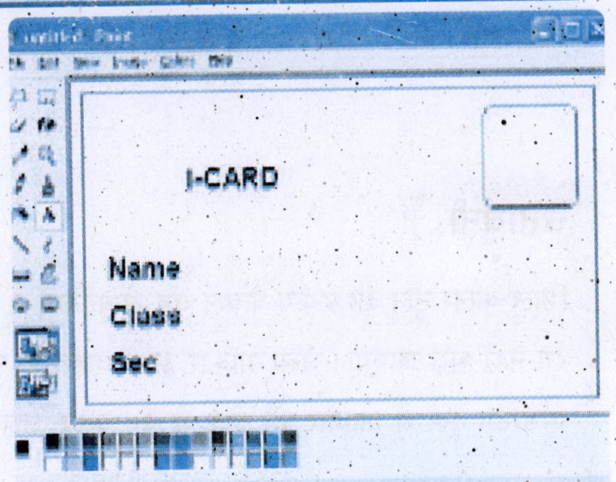

7. इसी प्रकार Name, Class, Sec टाइप करें, जैसा कि यहाँ दिखाया गया है।

8. **लाइन टूल** पर क्लिक करें। 

9. **शिफ्ट की** दबाइए और तीन लाइनें बनाने के लिए माउस को ड्रैग करिए, जैसा कि यहाँ दिखाया गया है।

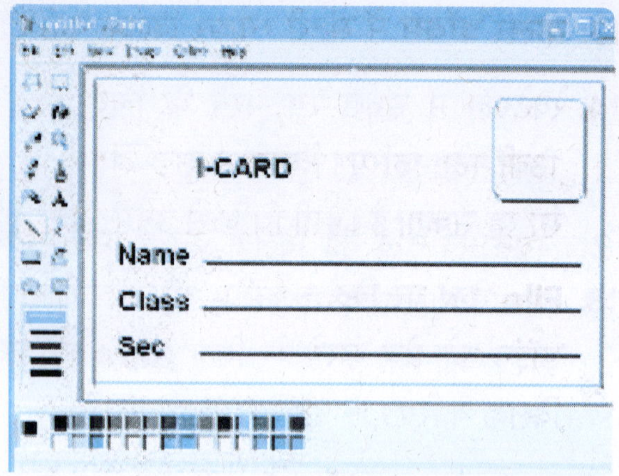

टिप

यदि आपको लगता हो कि आपने जो बनाया है, वह गलत है या वह आपको पसंद नहीं है तो Edit मेन्यू में अनडू या कंट्रोल के साथ जेड दबाकर पिछले स्टेप पर वापस हो सकते हैं। इससे आप पिछली अवस्था में पहुँच जाएँगे।

कंट्रोल के साथ वाई दबाकर या एडिट में रीडू द्वारा आप अनडू किए गए काम को पुनः प्राप्त कर सकते हैं।

अतिरिक्त जानकारी : शिफ्ट के साथ ड्रॉइंग

जब आप लाइन बनाने के लिए ड्रैग करते हैं और साथ ही शिफ्ट दबाते हैं तो वर्टिकल (खड़ी) या होरिजोंटल (लेटी) लाइन बनती है। आप शिफ्ट की के साथ तिरछी लाइनें भी बना सकते हैं।

10. **कलर बॉक्स** में पीले रंग पर क्लिक करिए।

11. **फिल कलर टूल** पर क्लिक करिए।

12. राउंडेड रेक्टेंगल में दिखाई गई विधि से पीला रंग भरने के लिए क्लिक करिए।

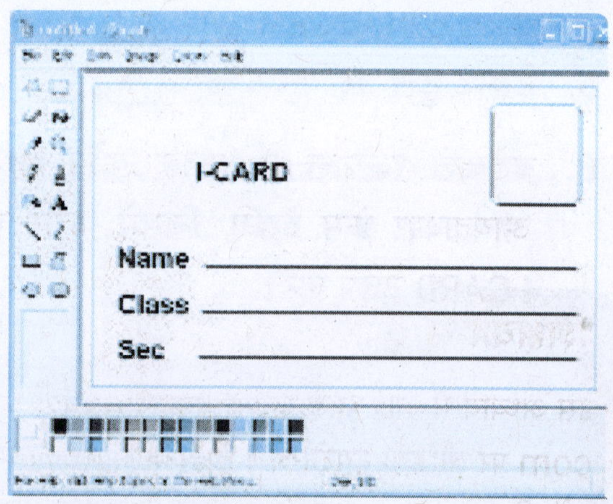

चेतावनी

फिल कलर टूल का प्रयोग केवल बंद आकृतियों में रंग भरने के लिए करते हैं। यदि किसी कारण से आकृति खुली है तो उसमें रंग नहीं भरा जाएगा। जैसा आकार आप चाहते हैं, यदि वह नहीं बना हो तो कंट्रोल के साथ जेड दबाकर उसे मिटा सकते हैं। एडिटिंग टूल से आकार को ठीक से बंद करके उसमें फिर से रंग भर सकते हैं।

13. **कलर बॉक्स** में संतरी रंग पर क्लिक करिए।

14. रेक्टेंगल में संतरी रंग भरने के लिए 12वीं और 13वीं स्टेप करिए। टेक्स्ट में कुछ स्थानों पर सफेद रंग रह सकता है। इसी विधि से उनमें भी रंग भरिए।

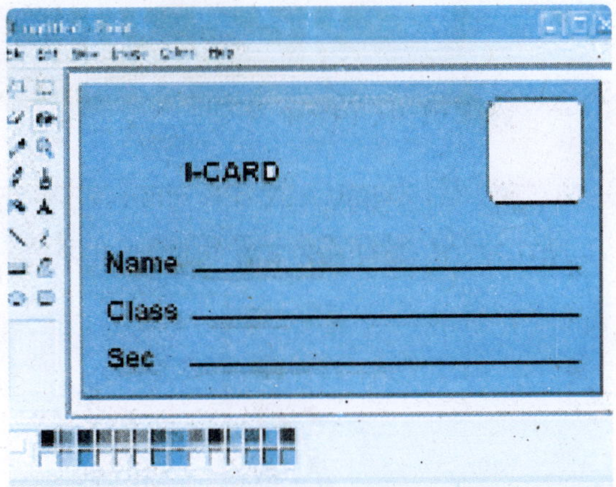

15. **File** मेन्यू पर क्लिक करिए और अपनी बनाई हुई ड्रॉइंग को सेव करने के लिए **Save** विकल्प पर क्लिक करिए।

16. **Save As** डायलॉग बॉक्स दिखाई देता है।

17. फाइल नेम फील्ड में **icard** टाइप करिए और सेव करने के लिए **Save** बटन पर क्लिक करिए।

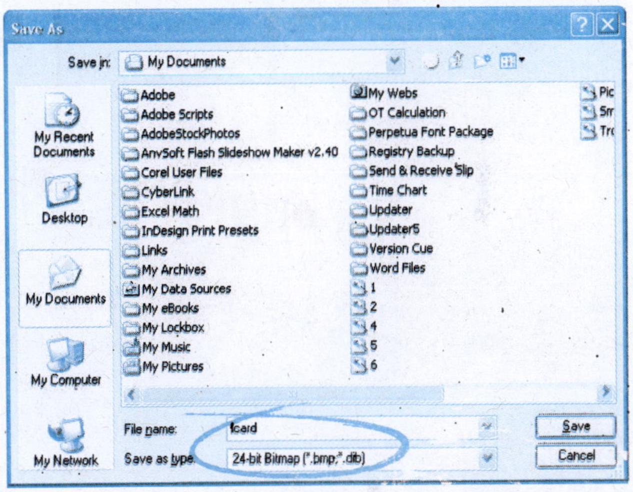

Save As टाइप पर ध्यान दीजिए। यह 24 बिट का बिटमैप (*.bmp, *.dib) दिखाता है। पेंट में बनाई गई फाइलों का एक्सटेंशन bmp होता है। दूसरे उपलब्ध विकल्पों को भी देखिए।

अगले अध्याय में हम ग्रीटिंग कार्ड बनाएँगे और माइक्रोसॉफ्ट पेंट के दूसरे टूल्स की जानकारी प्राप्त करेंगे।

शिक्षकों से

इस अध्याय में आई कार्ड बनाना सामान्य अभ्यास के लिए दिया गया है। आप हमारी ऑफिशियल साइट www.mtgcss.com पर वीडियो ट्यूटोरियल देखें और दिखाएँ। बच्चों को पेंट में पोस्टकार्ड, नेम प्लेट लेबल आदि बनाने के लिए प्रोत्साहित करें, जिससे इस अध्याय में जो सीखा है, उसका अच्छा अभ्यास हो।

11 पेंट : ग्रीटिंग कार्ड बनाना

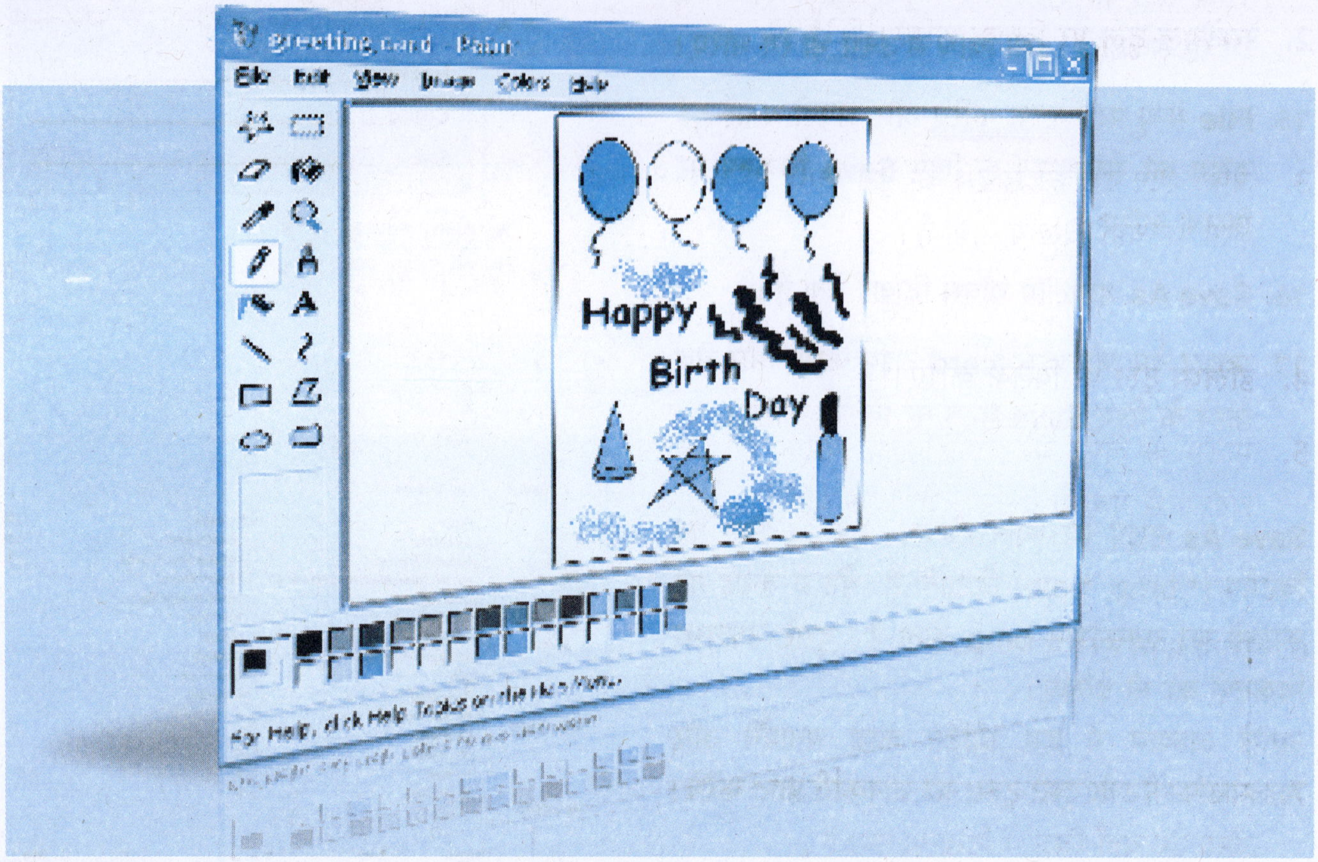

पिछले अध्याय में हमने आई कार्ड बनाकर पेंट के सामान्य टूल्स का प्रयोग किया।

इस अध्याय में ग्रीटिंग कार्ड बनाने के लिए हम पेंट के और अधिक टूल्स का प्रयोग करेंगे।

कार्यकलाप-2

ग्रीटिंग कार्ड बनाना

यदि आप एक-एक स्टेप सावधानी से बनाएँ तो आपको ग्रीटिंग कार्ड इस प्रकार का दिखाई देगा।

1. पेंट खोलिए।

2. **रेक्टेंगल टूल** पर क्लिक करिए। 

3. लेफ्ट बटन दबाकर माउस को ड्रैग करके रेक्टेंगल बनाइए, जैसा कि यहाँ दिखाया गया है।

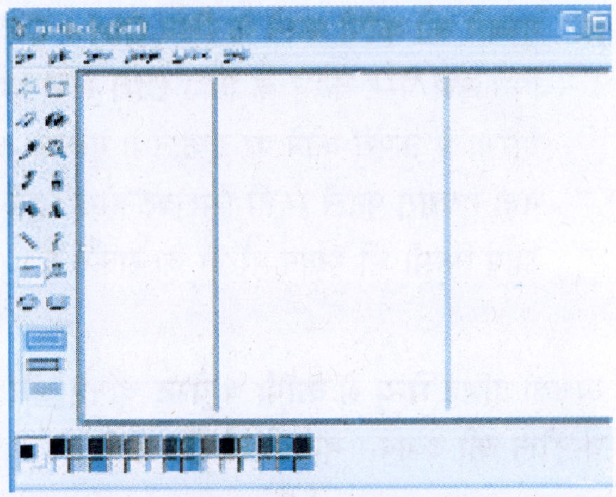

4. **इलिप्स टूल** पर क्लिक करिए। 

5. माउस के लेफ्ट बटन को क्लिक करके ड्रैग करिए और इलिप्स से गुब्बारा बनाइए, जैसा कि यहाँ दिखाया गया है।

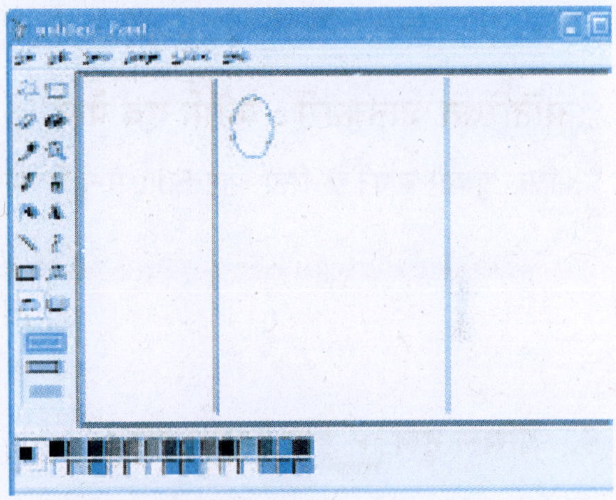

6. **सिलेक्शन टूल** पर क्लिक करिए। 

7. माउस के बाएँ बटन से पहले गुब्बारे को सिलेक्ट करिए, जैसा कि यहाँ चित्र में दिखाया गया है।

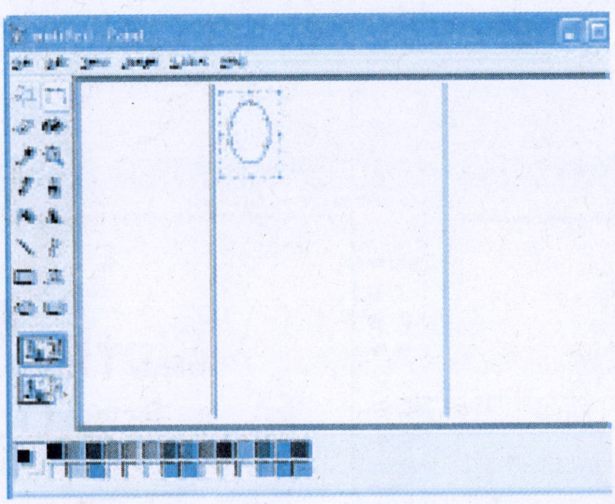

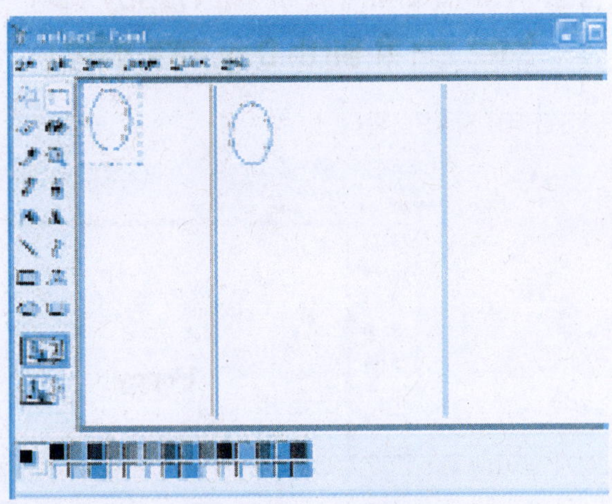

8. गुब्बारे को कॉपी करने के लिए **Ctrl + C** दबाइए और फिर उसे पेस्ट करने के लिए **Ctrl + V** दबाइए। वर्क एरिया में ऊपरी कोने पर एक नया गुब्बारा आ जाएगा। नया गुब्बारा पहले से ही सिलेक्ट होगा। इसे ड्रैग करके आप किसी भी स्थान पर ले जा सकते हैं।

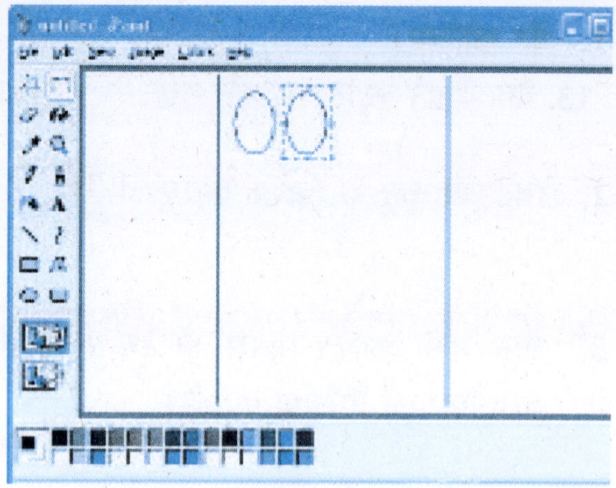

अथवा एडिट **मेन्यू** से **कॉपी** व **पेस्ट** चुनिए और कीबोर्ड से **कंट्रोल की** दबाकर माउस को ड्रैग करिए।

अतिरिक्त जानकारी : कॉपी एवं पेस्ट

अधिक गुब्बारे बनाने के लिए आप Edit मेन्यू से कॉपी/पेस्ट का प्रयोग करते हैं।

9. **पेंसिल टूल**  पर क्लिक करिए।
10. जैसा दिखाया गया है वैसे धागे बनाने के लिए माउस के लेफ्ट बटन को क्लिक करके ड्रैग करिए।
11. **टेक्स्ट टूल**  पर क्लिक करिए।
12. जैसा दिखाया गया है वैसा Happy टाइप करिए। अब टेक्स्ट टूल से Birth Day टाइप करिए।

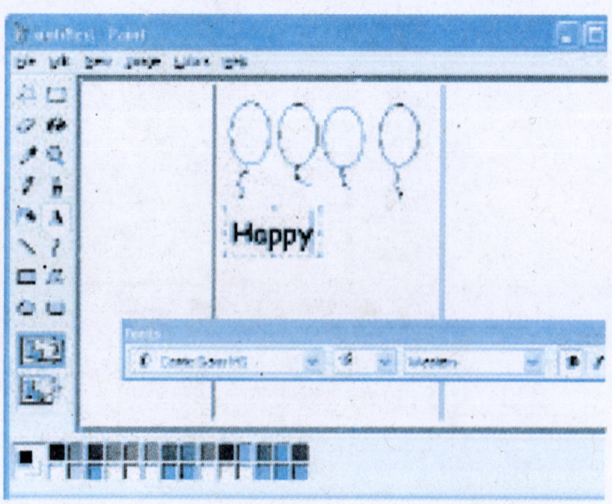

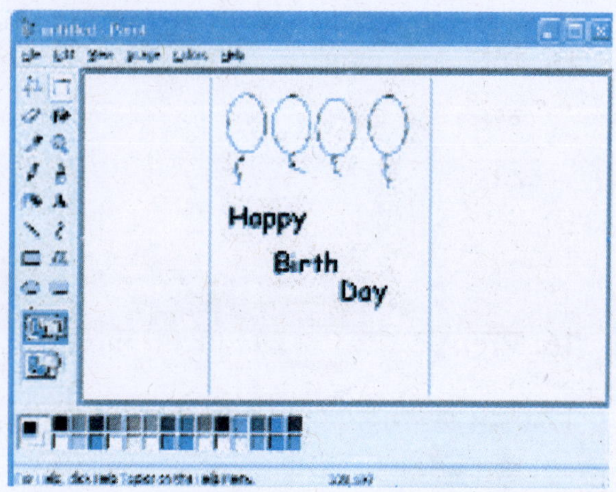

13. कैप बनाने के लिए **लाइन टूल** और **इलिप्स टूल** का प्रयोग करिए।

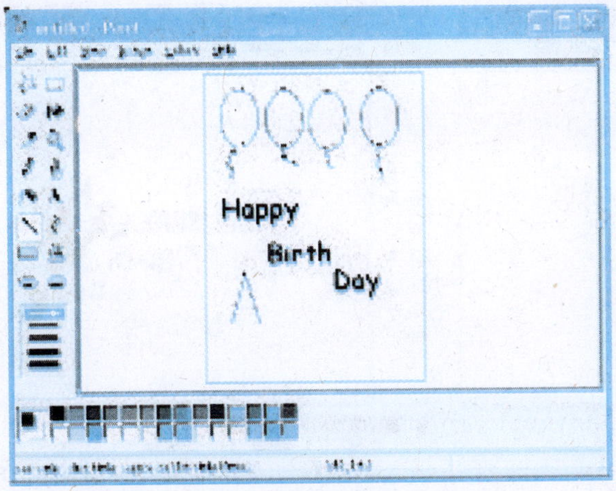

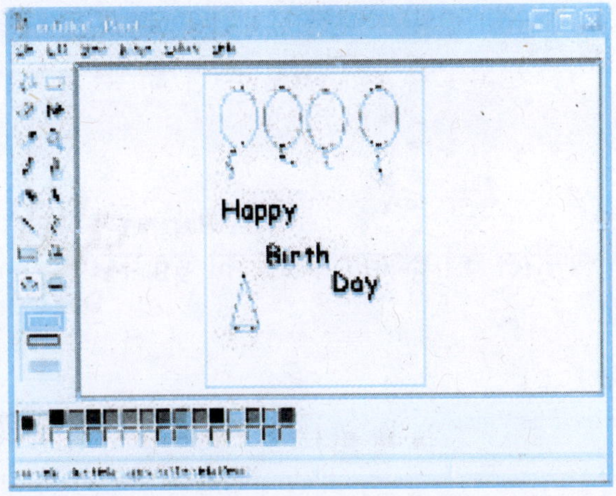

14. **ब्रश टूल** पर क्लिक करिए। आप अपनी पसंद के अनुसार ब्रश के आकार और प्रकार को बदल सकते हैं।

15. रंगीन लाइनें बनाने के लिए माउस के लेफ्ट बटन को क्लिक करके ड्रैग करिए।

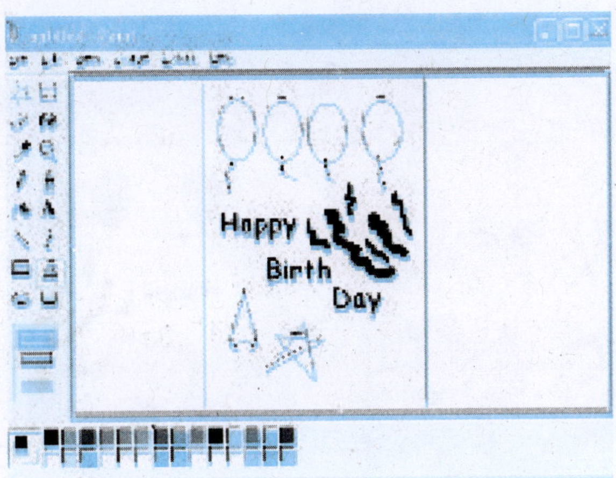

16. **पॉलीगन टूल** पर क्लिक करिए।

17. स्टार बनाने के लिए माउस के लेफ्ट बटन को क्लिक करके ड्रैग करिए।

18. मोमबत्ती और उसकी लौ बनाने के लिए **राउंडेड रेक्टेंगल टूल** और **ब्रश टूल** का प्रयोग करके माउस के लेफ्ट बटन को क्लिक करके ड्रैग करिए।

19. **कलर बॉक्स** में पीले रंग पर क्लिक करें।

20. **फिल कलर टूल** पर क्लिक करिए।

21. जैसा दिखाया गया है वैसा रंग भरने के लिए कार्ड पर क्लिक करिए।

22. गुब्बारे, कैप, मोमबत्ती और स्टार में रंग भरने के लिए स्टेप 18 से 20 तक दोहराए टेक्स्ट के बीच में कुछ सफेद जगह रह सकती है, जिसमें अलग से रंग भरें।

23. **एयर ब्रश टूल** पर क्लिक करिए।

24. जैसा दिखाया गया है, ग्रीटिंग कार्ड में वैसा रंग छिड़कने के लिए माउस का बायाँ बटन दबाकर ड्रैग करिए। स्प्रे का साइज चुनने के लिए तीन में से किसी एक को सिलेक्ट कर सकते हैं। विभिन्न आकारों का प्रयोग करके आप आराम से नए प्रयोग करिए।

25. **File मेन्यू** पर क्लिक करिए और फाइल **सेव** करने के लिए Save विकल्प पर क्लिक करिए।

26. **Save As** डायलॉग बॉक्स आ जाता है।

27. **Greeting Card** टाइप करिए और फाइल सेव करने के लिए **Save** बटन पर क्लिक करिए।

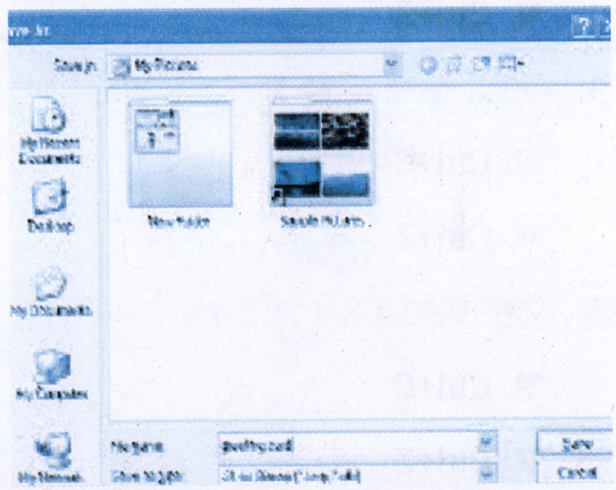

अभ्यास

(अ) प्रैक्टिकल

1. अपनी नोट बुक में पेंट टूल बॉक्स में से कोई पाँच टूल बनाकर उनके नाम लिखिए।
2. पेंट में नीचे दिए गए चित्र बनाइए।

बहुविकल्पीय प्रश्न

निम्न चार विकल्पों में से किसी एक सही विकल्प पर निशान (✓) लगाएँ।

1. अनडू कमांड का शॉर्टकट है—

अ. Ctrl+C
ब. Ctrl+V
स. Ctrl+Z
द. Ctrl+Y

2. रीडू कमांड का शॉर्टकट है—

अ. Ctrl+C
ब. Ctrl+V
स. Ctrl+Z
द. Ctrl+Y

3. कॉपी कमांड का शॉर्टकट है—

अ. Ctrl+C
ब. Ctrl+V
स. Ctrl+Z
द. Ctrl+Y

4. पेस्ट कमांड का शॉर्टकट है—

अ. Ctrl+C
ब. Ctrl+V
स. Ctrl+Z
द. Ctrl+Y

5. कट कमांड का शॉर्टकट है—

अ. Ctrl+C
ब. Ctrl+V
स. Ctrl+Z
द. Ctrl+X

6. पेंट में बनाई गई फाइल का एक्सटेंशन .... है—

अ. .JPEG
ब. .BMP
स. .DOC
द. .PNG

12 पेंट में एडिटिंग

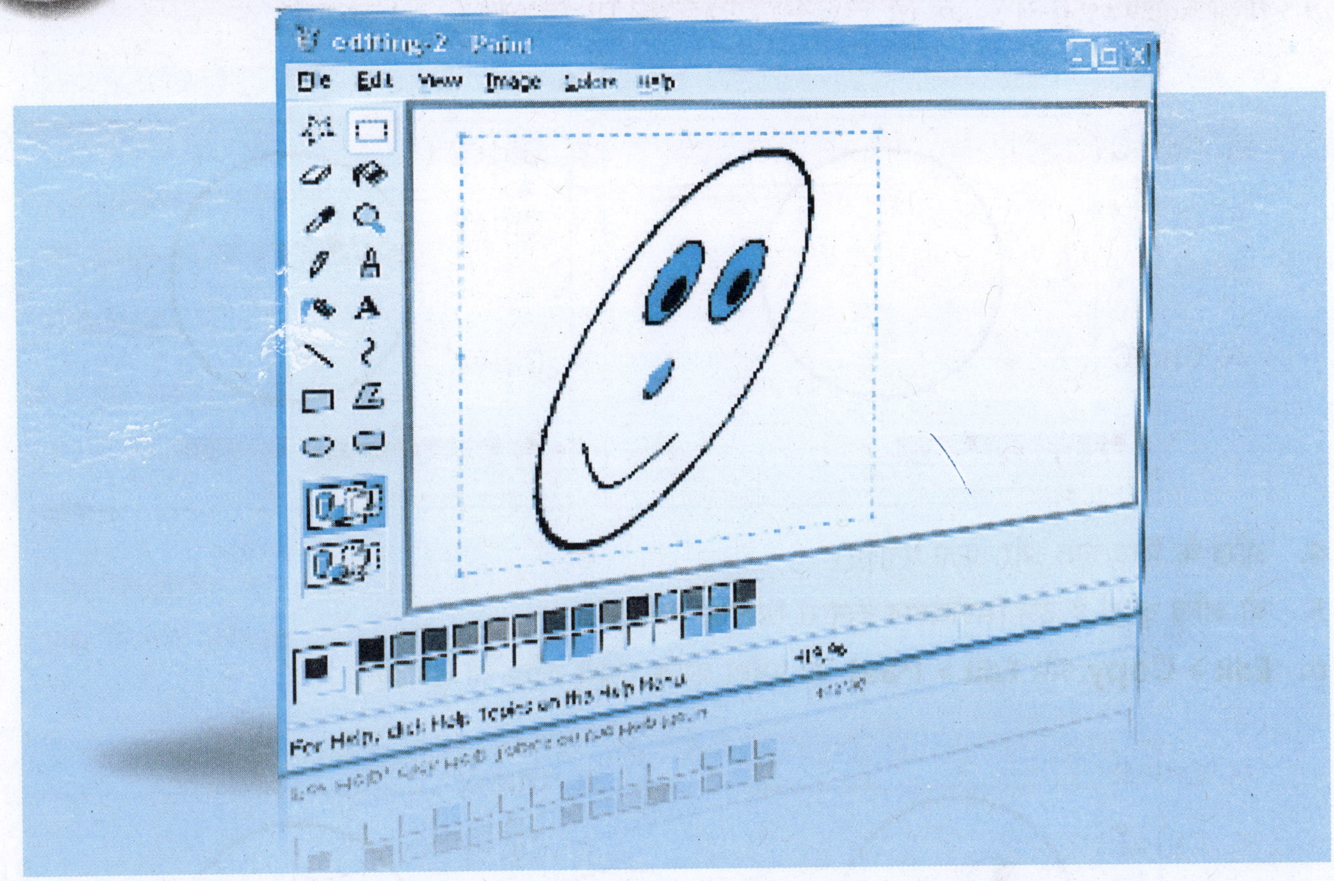

पिछले दो अध्यायों में आपने आई कार्ड और ग्रीटिंग कार्ड बनाना सीखा। इनको बनाते समय कई बार आपके मन में इनमें बदलाव करने का विचार आया होगा। हम यह बता चुके हैं कि आप किसी स्टेप को अनडू कर सकते हैं। पेंट में केवल तीन ही बार अनडू किया जा सकता है। अगर अनडू काम न करे और आप फिर भी बदलाव करना चाहें तो क्या करेंगे? अब हम पेंट में कुछ एडिटिंग टूल पर ध्यान केंद्रित करेंगे, जो ड्रॉइंग में आसानी से बदलाव करने में सहायता करते हैं।

1. पेंट खोलिए।
2. **इलिप्स टूल**  पर क्लिक करिए।

3. कीबोर्ड पर **शिफ्ट की** दबाइए और माउस के लेफ्ट बटन को दबाकर ड्रैग करते हुए चेहरे के आकार का एक गोला बनाइए।

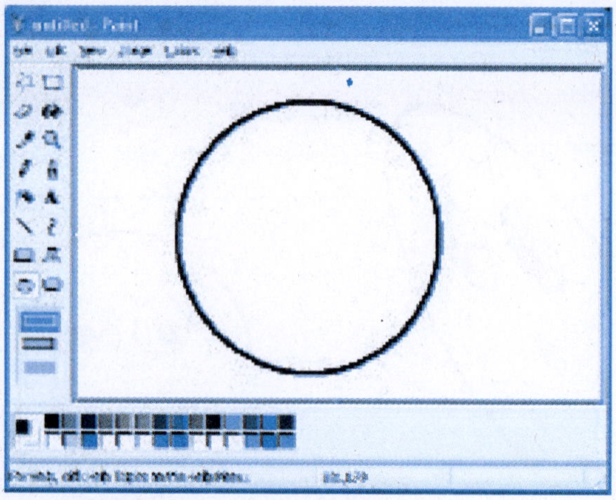

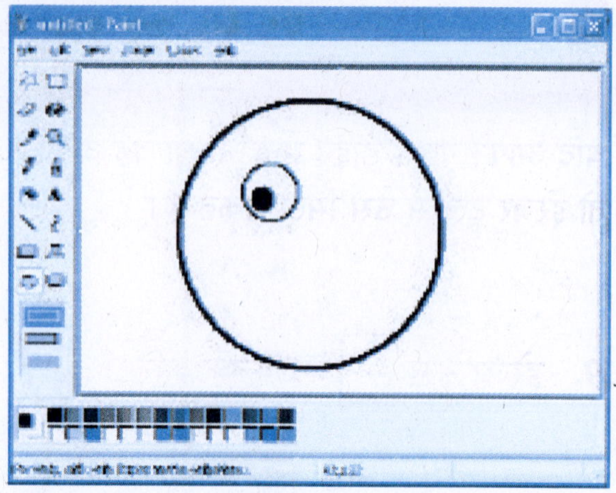

4. आँख के लिए एक और गोला बनाइए।
5. जो आँख बनाई है उसे **सिलेक्शन टूल** से सिलेक्ट करिए।
6. **Edit > Copy** और **Edit > Past** का प्रयोग करके दूसरी आँख भी बनाइए।

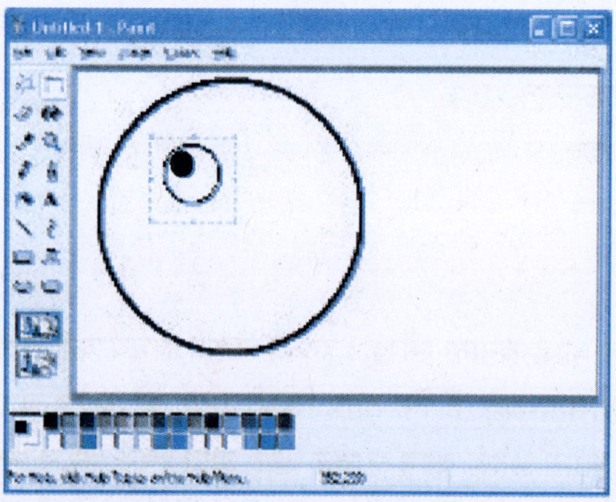

7. एक और गोला बनाकर नाक बनाइए।

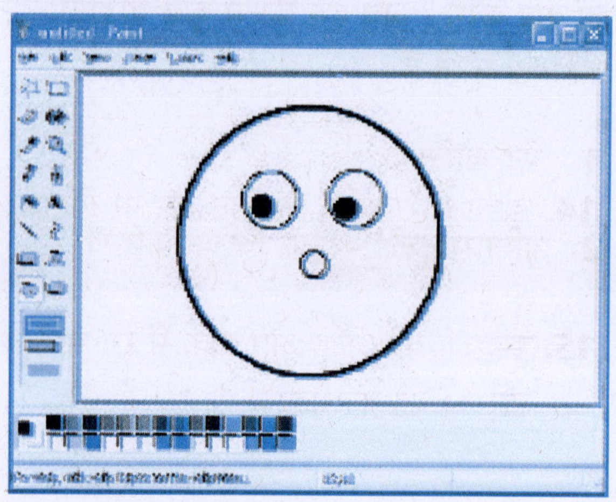

8. लेफ्ट बटन दबाकर कर्व लाइन टूल  चुनिए और स्माइली का मुँह बनाने के लिए माउस को ड्रैग करिए।

टिप

शिफ्ट की प्रयोग हो रहे टूल पर प्रतिबंध लगाती है। जब हम शिफ्ट की दबाकर क्लिक करते हैं और इलिप्स टूल से ड्रैग करते हैं तो उसकी ऊँचाई और चौड़ाई लॉक हो जाती है और एक संपूर्ण गोला बनता है। इसका प्रयोग संपूर्ण गोला और संपूर्ण वर्ग बनाने के लिए इलिप्स व रेक्टेंगल टूल के साथ किया जाता है।

यदि आपने गलत ड्रॉइंग बनाई है या वह आपको पसंद नहीं है तो इरेजर टूल से उसे मिटा सकते हैं।

9. **इरेजर टूल** पर क्लिक करिए।

10. जिस जगह को आप मिटाना चाहते हैं उस पर माउस का बायाँ बटन दबाकर ड्रैग करिए।

11. इरेजर का आकार ऑप्शन बॉक्स में माउस द्वारा क्लिक करके छोटा या बड़ा किया जा सकता है। वैकल्पिक रूप से इरेजर का आकार **कंट्रोल की** के साथ **नमपैड** पर प्लस (+) दबाकर या माइनस (−) दबाकर बदल सकते हैं।

12. **कलर बॉक्स** में पीले रंग पर क्लिक करें।

13. **फिल कलर टूल** पर क्लिक करिए।

14. ड्रॉइंग में रंग भरने के लिए उस पर क्लिक करिए।

15. स्माइली की आँख और नाक में रंग भरने के लिए स्टेप 13 और 14 को दोहराइए।

16. यदि रंग बाहर फैल जाता है तो खाली जगह में रंग भरने के लिए मैग्नीफायर टूल का प्रयोग करिए।

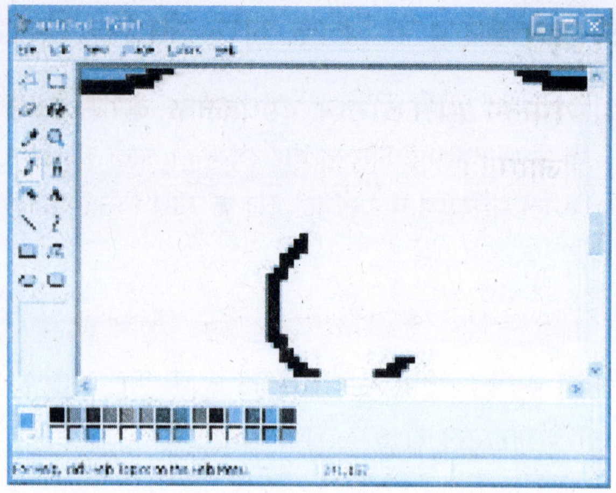

17. **मैग्नीफायर टूल** पर क्लिक करिए।

18. जूम इन करने के लिए इमेज के भाग पर क्लिक करिए, जैसा कि यहाँ दिखाया गया है।

19. **पेंसिल टूल** से खाली जगह भरिए।

20. स्टेप 13 से 15 दोहराकर नाक में लाल रंग भरिए।

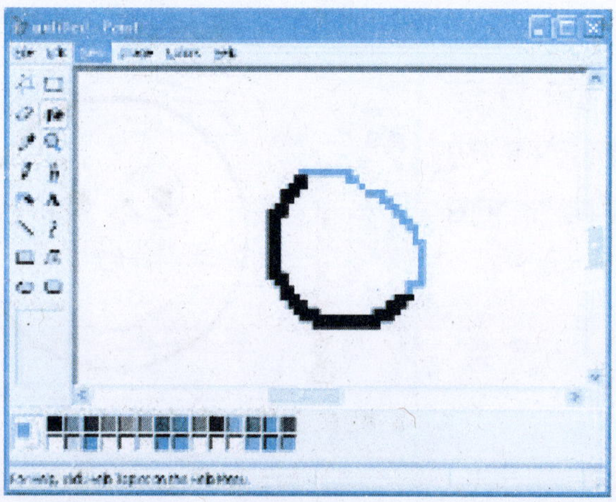

अब कुछ अच्छे परिणाम प्राप्त करने के लिए ड्रॉइंग पर स्ट्रेच/ स्क्यू और फ्लिप/ रोटेट करेंगे—

1. **सिलेक्शन टूल** पर क्लिक करिए।
2. ड्रॉइंग को सिलेक्ट करने के लिए लेफ्ट बटन दबाकर माउस को ड्रैग करिए।

3. **इमेज मेन्यू** पर क्लिक करिए और फिर **फ्लिप एंड रोटेट** पर क्लिक करिए।

4. **फ्लिप होरिजोंटल** पर क्लिक करके **OK** बटन पर क्लिक करिए, जिससे इमेज होरिजोंटली फ्लिप हो जाएगी।

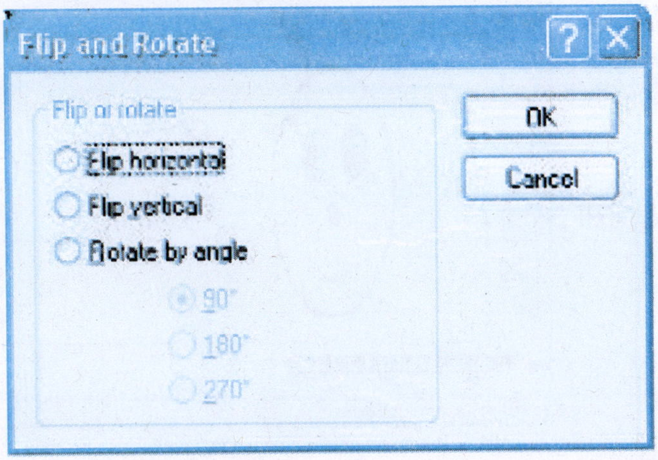

5. **फ्लिप वर्टिकल** पर क्लिक करके **OK** बटन पर क्लिक करिए तो इमेज वर्टिकली फ्लिप हो जाएगी।

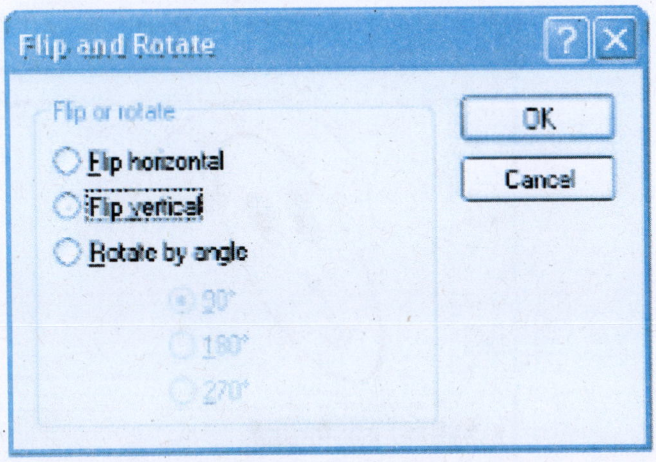

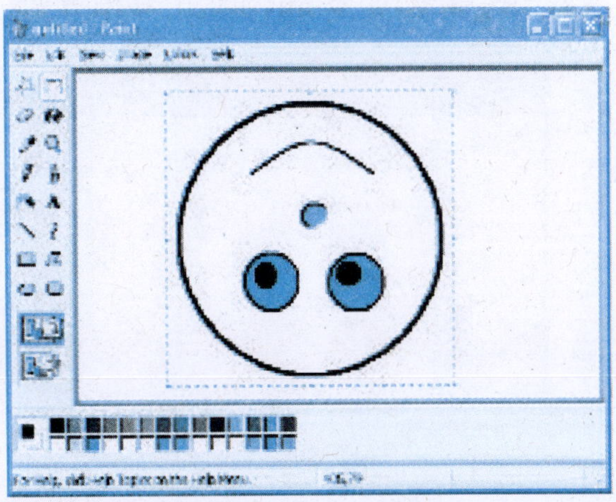

6. ड्रॉइंग को पूर्व स्थिति में लाने के लिए **Ctrl+Z** दबाइए या **Edit** मेन्यू में **Undo** पर क्लिक करिए।

7. **सिलेक्शन टूल** पर क्लिक करिए।

8. बायाँ बटन दबाकर माउस को ड्रैग करिए और ड्रॉइंग को सिलेक्ट करिए, जैसे यहाँ दिखाया गया है।

9. **इमेज मेन्यू** पर क्लिक करिए और फिर **स्ट्रेच एंड स्क्यू** पर क्लिक करिए।

10. **स्ट्रेच प्रॉपर्टीज** के डायलॉग बॉक्स में होरिजोंटली बॉक्स के लिए 50 लिखिए, जिससे इमेज 50% स्ट्रेच हो जाएगी और फिर **OK** बटन पर क्लिक करिए।

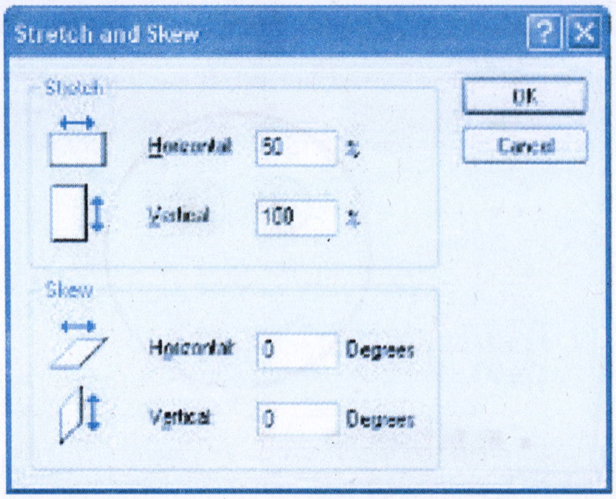

11. इसी प्रकार आप इमेज को वर्टिकली स्ट्रेच कर सकते हैं।

12. स्क्यू प्रॉपर्टीज के होरिजोंटली बॉक्स में 25 टाइप करके आप इमेज को 25 डिग्री स्क्यू कर सकते हैं।

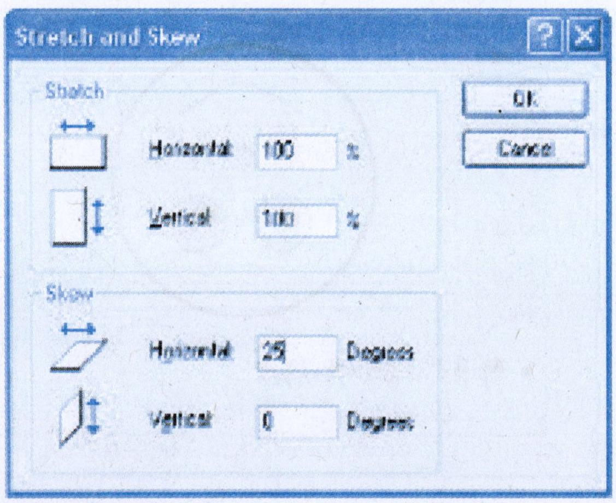

शिक्षकों से

इस अध्याय में बहुत सारे रोचक टूल्स जैसे फ्लिप, रोटेट, स्ट्रेच और स्क्यू के बारे में जानकारी दी गई है, जो बहुत मजेदार है। छात्रों को इन कमांड्स का प्रयोग करते हुए कुछ और ड्रॉइंग बनाने के लिए प्रेरित कीजिए। आप उन्हें साथ-ही-साथ दूसरी इमेजेज बनाने के लिए भी कह सकते हैं। इमेज पेंट में खुलनेवाली होनी चाहिए और मजेदार कमांड प्रयोग करके छात्रों को सीखने का मौका मिले। सबसे अच्छी 'आर्ट' को हमारी ऑफिशियल साइट पर पोस्ट करिए।

बहुविकल्पीय प्रश्न

निम्न चार विकल्पों में से किसी एक सही विकल्प पर निशान (✓) लगाएँ।

1. इलिप्स टूल के साथ शिफ्ट की दबाकर हम बनाते हैं—

अ. परफेक्ट इलिप्स ब. सर्किल

स. परफेक्ट ओवल द. इनमें से कोई नहीं

2. पेंट टूल बॉक्स में का प्रयोग  के लिए होता है—

अ. ओपन कर्व्स ब. स्ट्रेट लाइंस

स. ओवल और इलिप्स द. इनमें से कोई नहीं

3. पेंट में इरेजर का आकार इस प्रकार बदलते हैं—

अ. कंट्रोल+नमपैड (+/–) ब. शिफ्ट + नमपैड (+/–)

स. ऑल्ट + नमपैड (+/–) द. इनमें से कोई नहीं

4. पेंट में यह आकार किस टूल का प्रयोग करतके प्राप्त करते हैं?

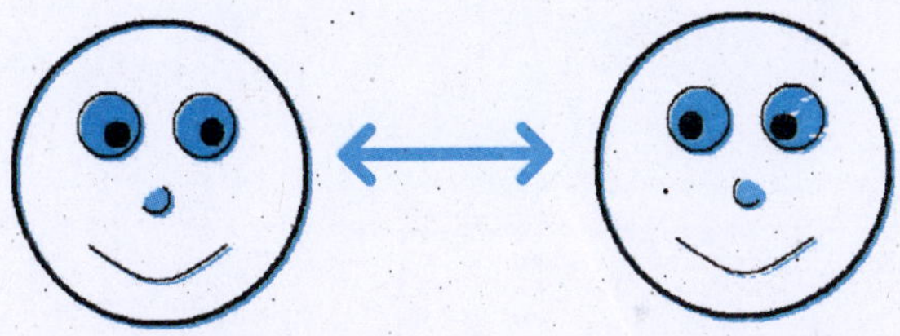

अ. फ्लिप वर्टिकल

ब. फ्लिप होरिजोंटल

स. स्ट्रेच

द. स्क्यू

5. पेंट में निम्न प्रकार इसे प्राप्त करते हैं—

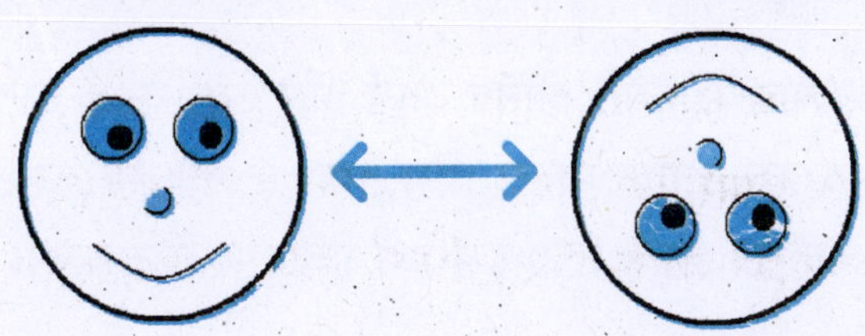

अ. फ्लिप वर्टिकल

ब. फ्लिप होरिजोंटल

स. स्ट्रेच

द. स्क्यू

6. पेंट में यह आकार किस टूल का प्रयोग करके प्राप्त करते हैं?

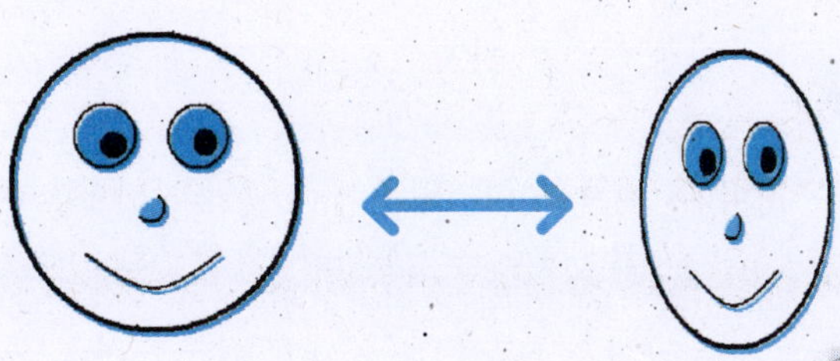

अ. फ्लिप वर्टिकल

ब. फ्लिप होरिजोंटल

स. स्ट्रेच

द. स्क्यू

13 पेंट में प्रिंटिंग

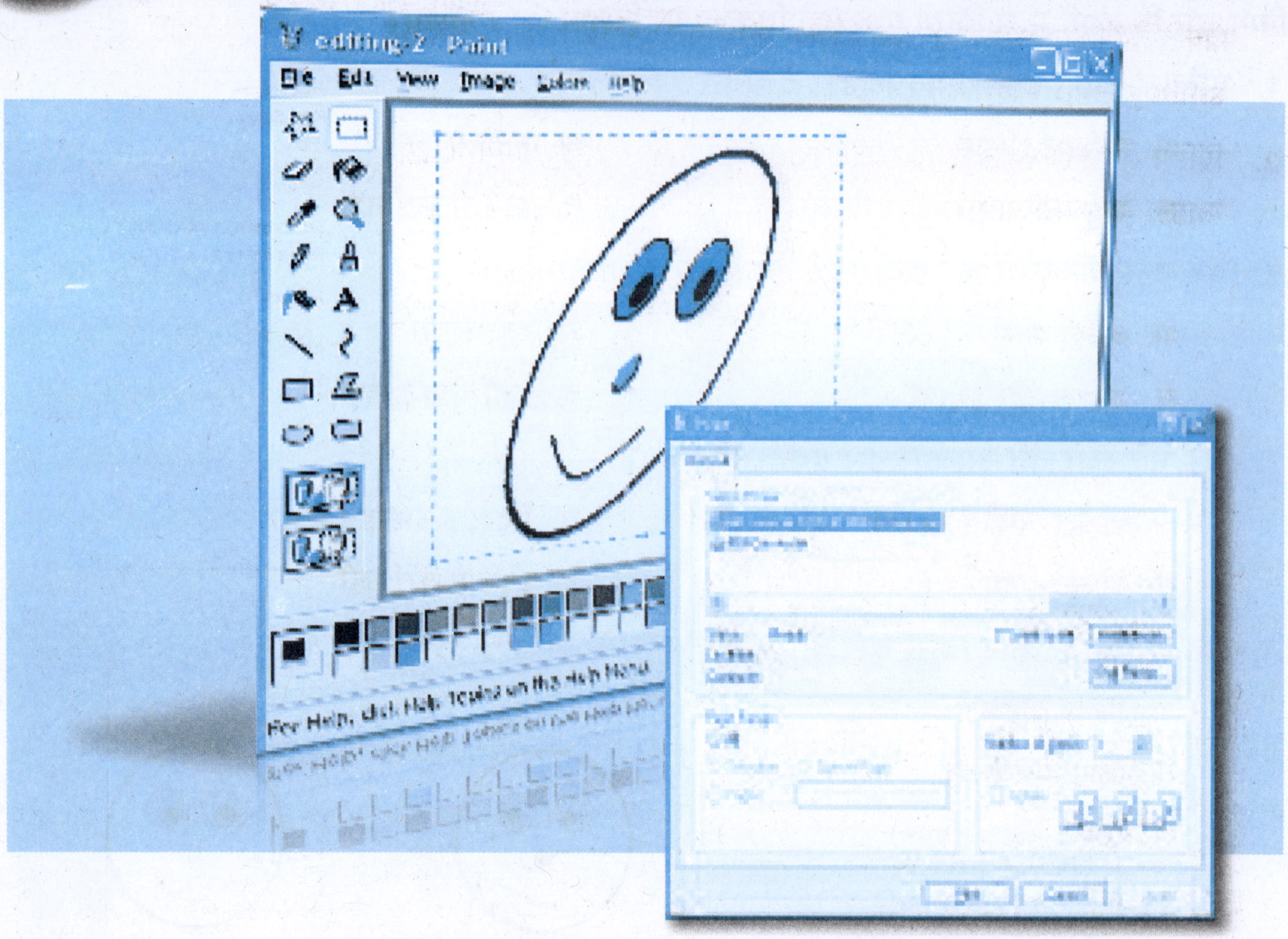

पिछले अध्याय में हमने ग्रीटिंग कार्ड और आई कार्ड बनाया। हमने एडिटिंग के कुछ आवश्यक टूल्स के बारे में भी जाना। अब हमारा एक मास्टर पीस तैयार है। तो हम उसे मम्मी, पापा, मित्र, भाई–बहन, शिक्षक और सभी लोगों को दिखाना चाहेंगे। इसके लिए इसे हमें प्रिंटर से प्रिंट करना होगा। यह कैसे करेंगे ? आइए, अब जानें—

नोट

प्रिंटिंग से पहले यह जाँच लें कि प्रिंटर ऑन है और कंप्यूटर से जुड़ा है।

आपने जो ड्रॉइंग बनाई और सेव की है, प्रिंटिंग के लिए उसे खोलना पड़ेगा। इसे ऐसे करते हैं—

1. फाइल मेन्यू पर क्लिक करिए और एक्जिट के ऊपर रिसेंट फाइल में क्लिक करिए। पहले बनाई गई अंतिम 4 फाइलों में से आप किसी एक को खोल सकते हैं। जिस फाइल पर आप क्लिक करेंगे पेंट उसे खोल देगा। अब हम **smiley.bmp** फाइल को खोलेंगे।

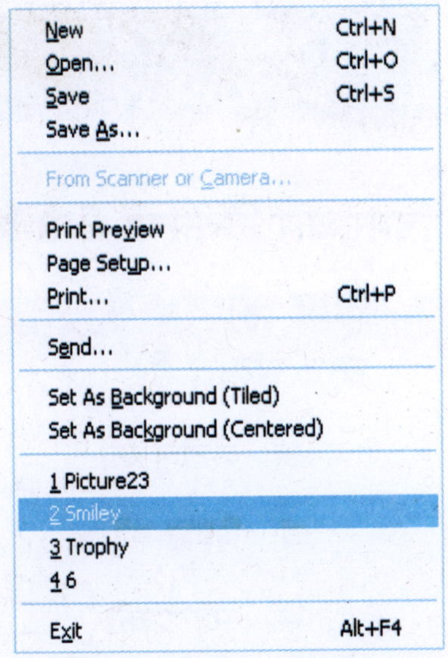

2. प्रिंटिंग से पहले यह देखने के लिए कि प्रिंटिंग के बाद ड्रॉइंग कैसी दिखेगी, **फाइल मेन्यू** में **प्रिंट प्रिव्यू** पर क्लिक करिए।

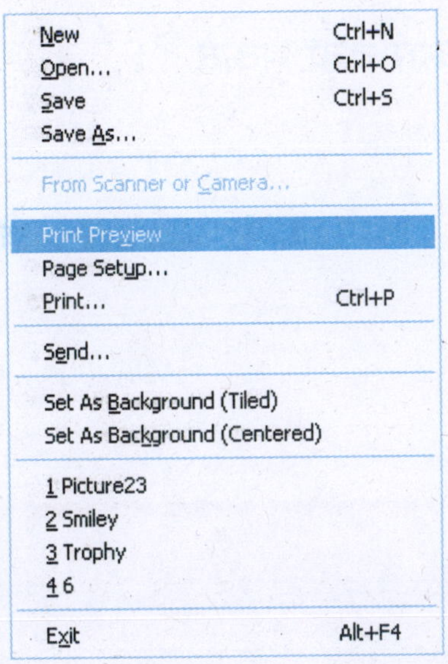

प्रिंट के लिए क्लिक करें

3. अपनी ड्रॉइंग को प्रिंट करने के लिए अब आप **प्रिंट** बटन पर क्लिक कर सकते हैं। अब आप प्रिंट डायलॉग बॉक्स देखें।

4. ड्रॉइंग को प्रिंट करने के लिए प्रिंट बटन पर क्लिक करिए।

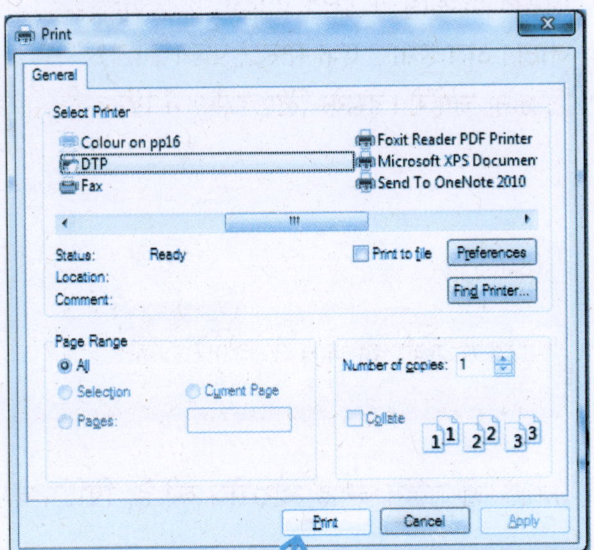

प्रिंट के लिए क्लिक करें

बहुविकल्पीय प्रश्न

निम्न चार विकल्पों में से किसी एक सही विकल्प पर निशान (✓) लगाएँ।

1. आप कीबोर्ड से..........................दबाकर माउस का बायाँ बटन ड्रैग करते हुए संपूर्ण गोला बना सकते हैं।

अ. कंट्रोल की

ब. शिफ्ट की

स. ऑल्ट की

द. डिलीट की

2. आप..............................साथ में दबाकर इरेजर का आकार बढ़ा सकते हैं।

अ. ऑल्ट की और नम्पैड (+)

ब. कंट्रोल की और नमपैड (+)

स. शिफ्ट की और नमपैड (+)

द. इसकेप की और नमपैड (+)

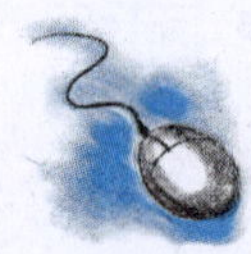

14 क्या करें और क्या न करें

क्या करें

- सीधे बैठें।
- पावर स्विच को सावधानी से छुएँ।
- मॉनीटर से उचित दूरी बनाए रखें (लगभग 18 इंच या अधिक)।
- कंप्यूटर को साफ करने के लिए सूखे और मुलायम कपड़े का इस्तेमाल करें। इस कपड़े को हलके हाथ से इस्तेमाल करें, जिससे कंप्यूटर को कोई नुकसान न हो।
- जब कंप्यूटर प्रयोग नहीं हो रहा हो तो उसे ढँक दें।
- कंप्यूटर कक्ष को सदैव साफ रखें। कंप्यूटर कक्ष में प्रवेश करने से पहले जूते बाहर उतार दें।

क्या न करें

- कंप्यूटर टेबल पर खाएँ-पिएँ नहीं।
- कीबोर्ड पर कीज को जोर से न दबाएँ।
- कंप्यूटर टेबल पर खेलें नहीं।
- कंप्यूटर से जुड़े तारों को खींचें नहीं।
- कंप्यूटर पर कोई तरल पदार्थ न गिरने दें। यदि गिर जाए तो उसे मुलायम सूखे कपड़े से हलके हाथों से साफ करें और कुछ देर कंप्यूटर को ऑन न करें।
- कंप्यूटर में कोई खराबी आने पर कंप्यूटर इंजीनियर को बुलाएँ।

उत्तरमाला

अध्याय 2

(ब) शब्दों की सहायता से रिक्त स्थान भरें—

1. बाइनरी लैंग्वेज 2. सॉफ्टवेयर 3. एप्लीकेशन सॉफ्टवेयर

(स) सही के लिए (स) और गलत के लिए (ग) लिखिए—

1. ग 2. स 3. स 4. ग

बहुविकल्पीय प्रश्न

1. स 2. ब 3. स 4. स 5. द 6. स

अध्याय 3

(अ) शब्दों की सहायता से रिक्त स्थान भरें—

1. डिलीट 2. स्पेसबार 3. स्टार्ट मेन्यू 4. ऐरो कीज

(ब) सही के लिए (स) और गलत के लिए (ग) लिखिए—

1. स 2. ग 3. स 4. ग 5. स

(द) 1 पेज अप और पेज डाउन कीज

बहुविकल्पीय प्रश्न

1. ब 2. ब 3. द 4. ब 5. स 6. ब 7. स 8. स

अध्याय 4

(अ) शब्दों की सहायता से रिक्त स्थान भरें—

1. लेफ्ट क्लिक 2. राइट क्लिक 3. डबल क्लिक 4. मेन्यू ऑप्शंस

(ब) सही के लिए (स) और गलत के लिए (ग) लिखिए—

1. स 2. ग 3. स 4. ग 5. स

बहुविकल्पीय प्रश्न

1. स 2. द 3. स 4. द 5. द 6. द 7. अ 8. ब

अध्याय 5

(अ) शब्दों की सहायता से रिक्त स्थान भरें—

1. रीस्टार्ट बटन 2. स्टैंड बाई 3. सॉफ्ट बूटिंग 4. लॉग इन 5. बूटिंग

(ब) सही के लिए (स) और गलत के लिए (ग) लिखिए—

1. स 2. ग 3. स

बहुविकल्पीय प्रश्न

1. स 2. स 3. स 4. ब 5. ब

अध्याय 6

(ब) शब्दों की सहायता से रिक्त स्थान भरें—

1. माई कंप्यूटर 2. रीसाइकल बिन 3. शॉर्टकट मेन्यू 4. प्रोग्राम मेन्यू 5. वॉलपेपर
6. माई डॉक्यूमेंट्स

(स) सही के लिए (स) और गलत के लिए (ग) लिखिए—

1. स 2. ग 3. स 4. स 5. स

बहुविकल्पीय प्रश्न

1. द 2. द 3. ब 4. द 5. द 6. द 7. ब 8. ब 9. द
10. अ 11. ब

अध्याय 7

(अ) शब्दों की सहायता से रिक्त स्थान भरें—

1. पिक्सेल 2. सेटिंग टैब 3. अपियरेंस 4. डेस्कटॉप

बहुविकल्पीय प्रश्न

1. द 2. ब 3. द 4. अ

अध्याय 8

(अ) माइक्रोसॉफ्ट पेंट खोलने के स्टेप्स का सही क्रम लिखें। स्टेप्स को अ ब स द के क्रम में रखें।

1. द 2. अ 3. स 4. ब

(ब) वैकल्पिक रूप से माइक्रोसॉफ्ट पेंट खोलने का सही क्रम क्या है?

1. स 2. द 3. अ 4. ब

बहुविकल्पीय प्रश्न

1. द 2. अ

अध्याय 9

(ब) शब्दों की सहायता से रिक्त स्थान भरें—

1. पेंसिल 2. टेक्स्ट टूल 3. फ्री फॉर्म सिलेक्ट और सिलेक्शन 4. मेन्यू बार

(स) सही के लिए (स) और गलत के लिए (ग) लिखिए—

1. ग 2. स 3. ग 4. स

बहुविकल्पीय प्रश्न

1. स 2. स 3. द 4. अ 5. अ 6. अ 7. अ

अध्याय 11

बहुविकल्पीय प्रश्न

1. स 2. द 3. अ 4. ब 5. द 6. ब

अध्याय 12

बहुविकल्पीय प्रश्न

1. ब 2. अ 3. अ 4. ब 5. अ 6. स

अध्याय 13

बहुविकल्पीय प्रश्न

1. ब 2. ब